Eko av historien

Skoklosters slott vid Mälaren, ca 70 km nordväst om Stockholm, är det största palats som en privat person låtit uppföra i Sverige. Byggherren var greve Carl Gustaf Wrangel, fältherre under 30-åriga kriget. Det började byggas 1654. Vid Wrangels död 1676 stod huset färdigt men stora delar av inredningen var ofullbordad. Genom hans dotters gifte kom egendomen till ätten Brahe som innehade den som fideikomiss fram till 1930, då den siste greve Brahe dog. Den övertogs då av ätten von Essen; slottet med dess samlingar övergick 1967 till svenska staten genom köp.

De storartade samlingarna av vapen, möbler, glas, keramik, silver och guldsmedsarbeten, tavlor och andra konstsaker, främst från 1600-talet, har gjort slottet internationellt berömt. Om dess 1800-tal har man dock vetat mycket litet.

Gravyr från 1830-talet.

Eko av historien

Omgestaltningen av Skoklosters slott
under Magnus Brahes tid

Ove Hidemark
Elisabet Stavenow-Hidemark

BYGGFÖRLAGET

INNEHÅLL

Skokloster mellan 1830 och 1844 – den lösa inredningen 87

Samtida och sentida omdömen 149

Europeisk horisont 154

Att företräda historien 171

Då staten övertog Skoklosters slott 1967 förestod en lång period av restaurering. Inför reparationen av takstolarna på vinden behövde flagnande färgskikt fästas på takbjälkarna i biblioteket i slottets översta våning. Det ledde till upptäckten av en totalt genomförd ommålning, som inte bara gällde väggarna utan också takytor, dörrar och paneler. Visserligen kände man till att vissa ommålningsarbeten utförts under 1830-talet i biblioteksvåningen, men att den insatsen gällde snart sagt varje yta i hela slottet – tillsammans med en lika total ommöblering och textilanskaffning – var en nyhet. Där började en upptäcktsfärd som sedermera skulle röra sig genom slottets alla rum och leda fram till en totalt förändrad bild av Skokloster, en bild präglad av 1800-talets historiesyn.

Vår bok kartlägger en tidigare okänd process som sannolikt inte har någon motsvarighet på annat håll i Sverige. Det är oändligt många små fakta som läggs samman innan bilden av förändringen i sin helhet blir tydlig. Den bilden får djup och pregnans först när den ses i ett europeiskt idémässigt perspektiv. Vi rör oss under 1830- och 40-talen på ett plan där Europas furstar och högadel levde sig in i historien i så hög grad att den satte sin prägel inte bara på arkitektur och inredning utan grep in i hela livshållningen.

För att kunna omge sig med en värdig och historiskt trovärdig miljö lierade de sig med arkitekter och konstnärer. Konsten kunde användas som en tidsmaskin med vilken man kunde leva sig in i historien, låta sig kittlas av historiska situationer och framför allt leva sig tillbaka till en tid då adelns ställning inte var ifrågasatt. 1830- och 40-talen var ju en tid av politiskt tumult. I Sverige utsåg högadeln och särskilt Magnus Brahe i samråd med kungen sig till historiens försvarare, nota bene den segerrika historiens. Skokloster var stormaktstidens största privata slott, nu förstärktes 1600-talets uttrycksvilja, man såg i slottet ett propagandaställe för kungamakten. Det uppfattades som ett museum möjligt att nå för en större publik genom de nya ångbåtarna som i regelbunden trafik lade till vid Skoklosters brygga. Till detta återkommer vi.

Håller man dessa syften i minnet blir renoveringen av Skokloster meningsfull och märklig på flera sätt. Detaljerna faller på plats och man kan följa hur ett mönster och en plan för renoveringen växte fram. Steg för steg närmade man sig barockens formideal – ja, man upprepade barockens väggmåleri men i senempirens färgskala och till slut kopierades slottets egna barockmöbler. Att förstärka den historiska stämningen i en barockbyggnad med interiörmåleri och möbler i samma stil som ursprungligen fanns eller kunde ha funnits där, är en komplicerad tanke som exakt samtidigt visade sig i Frankrike och England. Det är en tidig och intressant historism, en föregångare till vad som med större kraft skulle komma på 1870- och 80-talen.

Ordet *historism* – vi har föredragit denna form som bygger på tyskans Historismus hellre än att använda det längre *historicism* som är taget från engelskan. Historism som konsthistoriskt begrepp började användas i Tyskland på 1930-talet och hjälper oss att tolka det som uppfattats som 1800-talets svärmiska s.k. stilförvirring. Det var sällan den korrekta historiska återgivningen som var huvudsaken, det var inlevelsen och det associativa som var avgörande. Miljögestaltningen fick en väldig frihet att låna allt ur historiens väldiga formförråd. Redan vid 1700-talets mitt var dessa tendenser tydliga.

En sådan romantisk historism var givetvis mer renodlad i England, Frankrike och Tyskland men den förklarar den vilja till omdaning av Skokloster som vi skildrar i det följande. Låt vara att längtan att tydliggöra historien smälte samman med ett behov av att reparera upp ett slott som vid denna tid var ganska skamfilat och på vilket tidens tand började sätta spår.

De frågor som kommer upp är fler än de svar vi kan ge. Trots år av sökande vet vi fortfarande inte vem som var den egentlige idégivaren bakom det hela. Vår framställning slutar omkring 1850, en tid då Magnus Brahes insatser planas ut. Hans död 1844 bildar en definitiv avslutning på en viktig period i Skoklosters historia. Våra frågor och det som hände därefter överlämnar vi till framtida forskare.

Som en bekräftelse på en redan anad bild av de stora förändringar som vidtogs under 1830-talets slut och fram t.o.m. 1844 kom fyndet av Magnus Brahes dödsbos räkenskaper som förvaras på Rydboholm. Genom tillmötesgående av friherrinnan Louise von Essen hade vi möjlighet att under två septemberdagar 1979 låna vissa handlingar till Skokloster och ta kopior för bearbetning av obetalda räkningar som ingick i dödsboets räkenskaper. Det gällde arbeten utförda från mars 1842 t.o.m. 1844 och räkningar på anskaffat material från augusti 1843. Här får vi namnen på anlitade hantverkare och leverantörer samt dateringar, ofta exakt på dagen, när snickeri-, målar-, förgyllare- och tapetserararbeten utförts. Av hantverkarnas och leverantörernas namn förstod vi så småningom att Magnus Brahe använde samma yrkesmän som samtidigt anlitades av hovet på Stockholms slott.

På samma gång fick vi en skrämmande inblick i Magnus Brahes privatekonomi. På Skolandet har funnits ett talesätt att Braharna var rika men aldrig hade några pengar. I dödsboets räkenskaper fann vi jämte de sedan länge obetalda arbetsinsatserna ett lån på 200 Riksdaler ur Skoklosters församlings änke- och pupillkassa!

En av förutsättningarna för denna resa i tid och rum har varit att Ove Hidemark är slottets restaureringsarkitekt och kan gå med egen nyckel i alla utrymmen. En annan var att vi har ett litet torp i backarna söder om slottet. Jul- och påskferier då slottet var tomt på besökare trotsade vi kylan. Somrar och helger fylldes av expeditioner till slottet och lusläsning av inventarieförteckningar som berättade om hur föremålen kommit till slottet och flyttats runt. I september 1978 hade vi kommit så långt att vi kunde presentera materialet vid en konferens i London som hölls av Furniture History Society och handlade om 1800-talets möbler, företrädesvis om historism. I juli 1981 höll vi ett seminarium med personalen på Skokloster, som vi sedan hållit underrättad om arbetets framskridande.

Vi har genomfört forskningen tillsammans som ett fritidsprojekt. Varje punkt har diskuterats men Ove Hidemark har tagit huvudansvaret för byggnadsfrågor och den fasta inredningens förändringar medan Elisabet Stavenow-Hidemark svarat för möbler och textilier.

Vi tackar

Hans Majestät Konungen för tillstånd att få ta del av kronprins Oskars (I) brev till Magnus Brahe.

Vi tackar också våra vänner, tjänstemännen på Skoklosters slott, Arne Losman, Anders Bengtsson, Inger Olovsson, Karin Skeri och Bengt Kylsberg som följt vårt arbete. Särskilt tackar vi Arne Losman och Anders Bengtsson för värdefulla synpunkter på manuskriptet.

Kunniga personer i bekantskapskretsen har tagit med oss till andra slott eller givit oss tips om herresäten i utlandet som genomsyrats av historism. De har också vandrat med oss genom rummen på Skokloster och givit oss synpunkter som berikat och fördjupat vår syn på Magnus Brahes motiv och på historismens uttryck. Främst tackar vi Kurt Johannesson, Bo Vahlne, Georg och Jo Himmelheber, Clive Wainwright och Marcus Binney. För ett givande samarbete i konservatorstekniska frågor tackar vi Ulf Leijon.

Friherrinnan Louise von Essen, som så vänligt lånade oss arkivmaterial från Rydboholm, kan tyvärr inte längre nås av vårt tack.

För generösa bidrag till tryckningen ber vi få framföra ett varmt tack till Berit Wallenbergs Stiftelse, Sven Ivar och Siri Linds fond Konstakademien, Länsstyrelsen i Uppsala kulturmijöenheten, Kungl. Gustav Adolfs Akademien och Kungl. Patriotiska Sällskapet.

Stenhuggartorp Skokloster och Stockholm juli 1995

Ove Hidemark   Elisabet Stavenow-Hidemark

Kungssalen är slottets förnämsta rum. Det har fått sitt namn av kungaporträtten, men de flesta av dem flyttades hit först under Magnus Brahes tid. De samlade kungaporträtten från Gustav Vasa och framåt gör den svenska historien när- varande. Porträttens ramar är dock utförda i typisk empire enligt tidens smaknorm.

Drömmen om
stormaktstiden

Veritas compressa ut
palma florebit

Den undertryckta sanningen
skall blomma såsom palmen

SENTENS PÅ VÄGGEN I KORRIDOREN
EN TRAPPA UPP I SKOKLOSTERS SLOTT

I kungssalen på Skokloster hänger en stor tavla föreställande Karl XII till häst. På övre delen av ramen finns en liten svart fläck. En motsvarande fläck finns på taklisten strax ovanför. Enligt dåvarande rustmästaren Isac Giers anteckningar tillkom fläckarna under det stora åskväder som drabbade Skoklosters slott natten till den 19 augusti 1837. Blixten slog denna natt ned på nio olika ställen i slottet under en enda timmes tid. Hela åskvädersnatten finns skildrad i rustmästarens dagbok. Traditionen kring åsknedslaget missar inte att även en blixt måste tveka inför hjältekonungens omvittnade s.k. hårdhet.

De båda brännmärkena är efter noggrann undersökning befunna som äkta vara; det är en elekricitetsledande förgyllning av stucklister som alldeles tydligt förbränts och blixten har hoppat över till guldet på tavelramen. Utgår vi från detta klara bevis betyder det helt trivialt att tavlan med sin ram hängde på sin nuvarande plats vid det våldsamma åskvädret. En snabb jämförelse med bevarade beskrivningar och inventarier från åren kring händelsen, den första av Rothlieb från 1819 och den andra från ett inventarium upprättat 1823, ger vid handen att tavlan tidigare hängde i ett angränsande rum, nämligen i grevinnans förmak. Ett tredje inventarium beskriver situationen 1845 efter Magnus Brahes död. De kungligheter som dessförinnan hängde i själva kungssalen var inte fler än Karl XI, drottning Kristina, Gustav II Adolf och Gustav III, de tre senare i bröstbild. Resten av väggytorna var behängda med porträtt av mer eller mindre kända krigare, fältherrar och kardinaler. En betydande omhängning av tavlor måste uppenbarligen ha skett någon gång efter 1823 och före det beramade blixtnedslaget 1837 och i så fall varför? I det följande kommer vi att försöka reda ut några av orsakerna bakom denna scenförändring inom slottets väggar, det handlar nämligen inte bara om en enstaka tavlas plats utan om en nästan total omgestaltning av såväl väggskikt, möbler, gardiner och inte minst en omhängning av porträtt, sannolikt den största i slottets historia. Det handlar om en omgestaltning som tog sin början kring 1830 och avslutades först vid 1840-talets mitt. Beställare och dåtida ansvarig fideikommisarie var greve Magnus Brahe.

Vad låg bakom dessa stora insatser, vilken idé drev mer än tjugo års arbeten framåt och vem bekostade det hela? Frågorna reser sig på rad och i några aspekter tror vi oss kunna ge konkreta svar, framför allt hur det hela kom till utförande. Men många frågor återstår. Fanns det ett medvetet program från början eller utvecklades hela omgestaltningen under resans gång? Och vem var i så fall initiativtagare och idégivare?

Två historier

När och hur började det? Det handlar egentligen om två historier, dels om själva upptäckandet av 1800-talets insatser och deras omfattning i slottet, dels om själva händelsen i sig. Den händelsen bestod i själva idén, d.v.s. konsten att regissera slottets miljöer utifrån den dolda drömmen om ett tillstånd det kanske aldrig ägt men borde eller kunde ha ägt, för att citera en långt senare normgivare för restaurering, nämligen Viollet le Duc. Den idén genomfördes med bravur långt tidigare på Skoklosters slott under det tidiga 1800-talet. Samtidigt pågick på kontinenten och i England en våldsam och polemisk diskussion om Historien som ett objektivt ideal. Det formulerades ofta som ett allmänt hållet stilideal eller, från ett motsatt synsätt, betraktade man historien som ett sanningskriterium, ett bevis på vad som egentligen hade hänt, en stilmässig mångfald avläsbar i en byggnads mer eller mindre skröpliga natur. Några svallvågor av denna diskussion nådde dock aldrig det avlägset belägna Sverige under denna tid. Det skulle dröja ytterligare 50 år innan den frågan blev aktuell här hemma.

Det första, själva upptäckandet, gällde ett under hand stegrat varseblivande av en rad enskilda fakta som sinsemellan sökte ett sammanhang, fakta om 1800-talet som kommit fram i samband med den byggnadsrestaurering som slottet genomgick från åren 1968 och framöver. En viktig förutsättning var att som ansvarig restaureringsarkitekt ha möjlighet att genom åren och i alla slags belysningar fritt kunna undersöka varje utrymme i slottet. Nästa steg handlar om att tolka de fakta som därvid kom fram, från början en fråga om endast byggnadsanknutna problem men med tiden också frågor som rörde möbleringen och gestaltningen av slottets interiörer. När vi sedan fick möjlighet att gå igenom de dittills okända räkenskaperna efter Magnus Brahes dödsbo, förvarade på Rydboholm, började bilden klarna. Så småningom samlade sig dessa upptäckter till en allt tydligare bild av ett för sin tid märkligt, och ur ett idéhistoriskt perspektiv närmast unikt, experiment med tid och miljö, vars förutsättningar vi senare skall återkomma till.

Tidig historism i genuin 1600-talsmiljö

Den restaurering som tog sin början vid 1960-talets slut i och med statens övertagande av slottet gällde ett omhändertagande av ett genuint, som man såg det, i stort sett orört 1600-talsslott. Några förvarningar om att så kanske inte var fallet, och i så fall förändringar som rörde endast några mer begränsade zoner inom slottet hade redan 1948 framhållits av Erik Andrén i hans för oss byggnadshistoriker, epokgörande avhandling om Skokloster. Avhandlingens ämne och vetenskapliga tyngdpunkt var bestämt till en djupgående analys av slottets tillblivelse under 1600-talet. Detta var främst ett resultat av en grundlig genomgång av bevarade byggnadsräkenskaper. Senare eventuella förändringar i slottets miljöer kommenterades av naturliga skäl endast i förbigående, dock med ett blygsamt omnämnande av några spridda insatser under 1830-talet.

Ett 1600-tals slott av Skoklosters dignitet inbjöd ju inför en förestående restaurering, à priori och enligt dåtida gängse restaureringsnormer, till att förtydliga detta stora sekel i svensk byggnadshistoria. Det gällde ju dessutom seklets allra största byggnad av privat slag. Så ställdes väl också problemet till en början av de flesta, inte minst från kulturminnesvårdens sida. Det är dock för en restaureringsarkitekt en god regel att inte röra vid fakta vars bakgrund eller innebörd ännu är oklara. Detta gällde i hög grad som riktmärke i detta fall då Skoklosters slott väl alltid har velat presentera sig som det 1600-talsslott det i grunden är. Detta har det även i hög grad lyckats med, i kraft av sin säregna atmosfär, sin mängd av föremål och sin avsaknad av moderniseringar av rent bostadsmässigt slag, något som sannolikt var slående redan för 1700- och 1800-talets besökare, och som för dagens turist närmast ter sig som villkoret för en trovärdig gammal och genuin slottsmiljö.

Åskan slog ner i slottet den 19 augusti 1837 och svedde taklisten och ramen på ryttarbilden av Karl XII. Åsknedslaget ger oss ett datum då tavlan var på plats och kungssalens nyordning klar.

Det senare är påfallande och skiljer Skokloster från de flesta andra mer frekvent utnyttjade herrgårdar eller slott, där moderna installationer, mer modeinriktade förbättringar av tekniska eller estetiska motiv genom århundradena vunnit genomslag. Skokloster står idag som ett sagans palats med hela sitt myller av föremål, tavlor, tapeter, möbler och konstföremål som fyller varje rum i slottet. Men hur sant är nu detta snabba intryck, hur mycket kan vi fortfarande länka samman med 1600-talets byggnads- och inredningsambitioner? Och hur mycket av det vi ser är resultatet av senare århundradens tillägg av såväl teknisk som estetisk eller kanske rent av historiserande art, varierande försök att vidmakthålla själva slottets grundmiljö, eller vad man trodde denna vara? Kanske fanns det till och med försök att rent av förstärka intrycket av ålderdomlighet? Vi kommer i det följande att försöka peka ut flera sådana mer eller mindre tydligt identifierade tidsambitioner, den första redan under 1700-talets förra del, den andra och betydligt mer omfattande regiinsatsen av historiserande slag under 1800-talets första hälft, en insats vars resultat fortfarande faktiskt dominerar upplevelsen av slottets hela miljö.

Men innan vi tar upp 1800-talets insatser till behandling behöver vi, om än ytligt, reda ut 1700-talets omfattande byggnadsinsatser. Detta för att undvika att till 1800-talets stora förändringsarbeten av misstag även räkna in det som hör det föregående seklet till.

Skoklosters slott under 1700-talet

– fullbordan och förändringar

Att slottet inte stod helt färdigt vid Wrangels död är ett känt faktum – enbart den stora oinredda salen utgör ett talande bevis för detta. Wrangel dog 1676 och svärsonen Nils Nilsson Brahe tog vid. Räkenskaper från 1680- och 90-talen (Rydboholmssamlingen, RA) ger dock vid handen att byggnadsarbeten fortsättningsvis pågick ännu under dessa decennier – där talas om kalksändningar, tegelleveranser och om snickar- och timmermansarbeten i inte ringa omfattning. Såväl Nils Brahe som dennes son Abraham Brahe kan med goda skäl betraktas som ambitiösa fullbordare av det Wrangelska slottsbygget. Uppenbarligen kom detta att gälla även nästkommande fideikommissarie i raden, Erik Brahe, men då kanske mer i form av konkreta reparationer. Vad vi ännu så länge vet, bör vi försiktighetsvis tillägga.

Arne Losman har i sin studie *Ord på väggen* (1971) daterat den första våningens korridorsentenser till någon gång kring sekelskiftet 1700. De är alltså utförda under Abraham Brahes tid; han dog 1728. Av flera skäl finns det anledning att betrakta Abraham Brahe som en viktig person i detta sammanhang, men det är fortfarande oklart hur långt hans ambitioner att skapa ett äreminne över sin morfar sträckte sig. De berörde sannolikt i första hand interiörernas utformning och då möjligen särskilt de rumsfasta snickerierna. Att spisarnas trähöljen, gipstaken och golvens stenläggning kommit till stånd redan under 1660- och 70-talen står klart genom Andréns forskning. Men tillkomsttiden av den fulla framtoningen av högbarockens miljö med bröstningspaneler, dörrinramningar och slutgiltig målning kan fortfarande diskuteras.

Nya paneler i många rum

Utifrån stilistiska bedömningsgrunder kan de fasta snickeriernas profiltyper lika gärna ha tillkommit under 1700-talets första hälft som under Wrangels tid. Ett spännande exempel kan vi studera i Wrangels sängkammare (2:x) där vi bakom den synliga bemålade väggpanelen kan ta del av en ursprungligare och mycket schvungfullt utförd draperimålning i klart rött. Målningen når ända fram till dörrkarmens ytterkant och är att jämföra med översta våningens fortfarande redovisade utformning av mötet mellan karm och väggfältens bemålning. Draperimålningen i sängkammaren går att följa runt hela rummet likaväl som i det utanförliggande förmaket. Här möter vi alltså en rumsgestaltning som bör ha saknat såväl väggpaneler som dörrfoder, sannolikt den miljö, kärv och fordrande, som Wrangel själv bör ha mött vid något av sina besök i slottet. När tillkom då den nuvarande rumsgestaltningen?

Två exempel kan möjligen ge något ljus åt frågan. Betraktar vi först den röda kammaren, numera kallad gröna sängkammaren (2:к) i den s.k. Brahevåningen på första våningen i slottet, vet vi från inventarier att rummet var delat med en brädvägg i två rum varav det inre tjänstgjorde som bönekammare. Spåren av väggen finns fortfarande kvar såväl i taket som på den östra väggen. Några spår av en riven vägg finns dock inte på bröstningspanelen. Bönekammaren fanns ännu kvar då inventariet efter Abraham Brahe upprättades 1728. Detta ger anvisning om att de idag synliga snickeriarbetena har tillkommit så sent som efter Abraham Brahes död.

Tar vi ett annat exempel från Brahematsalen (2:o) på samma våning uppges i inventariet 1728 antalet rutstycken i gyllenlädersbeklädningen av väggarna till totalt 180 stycken medan endast 150 stycken finns på plats idag. Antalet våder runt rummet är 30 och antalet rutstycken i höjdled är fem, vilket visar att skillnaden 30 i det totala antalet är lika med en rutrad i höjdled. Funnes denna finge den nuvarande väggpanelen inte rum, vilket visar att matsalens panel satts in efter Abraham Brahes tid, d.v.s. från och med 1728 och framåt. Många årtionden kan det dock inte röra sig om eftersom rokokons smakriktning tar vid från och med 1750- och 60-talen, ett faktum som inte minst visar sig i stora förändringsarbeten av slottets fönster under samma tid.

Dubbla dörrkarmar sätts in

Går vi ett ögonblick tillbaka till Wrangels sängkammare och studerar de förändringar av de fasta snickerierna som skett där och i angränsande rum noterar vi ytterligare en mycket omfattande komplettering i slottet efter Wrangeltid. Det rör återigen dörröppningarnas inklädnad med foder. Att sätta foder i anslutning till karmen på dess gångjärnssida låter sig enkelt göras, karmen och den anslutande putsytan ger ett naturligt underlag eller fäste. Att däremot komplettera den intilliggande rumsidan med foder ställer sig betydligt besvärligare. Då

Draperimålning på vägg i Wrangels sängkammare, funnen bakom nuvarande väggpaneler. Målningen möter dörrkarmen och visar att inga dörrfoder var planerade i slottets första skede.

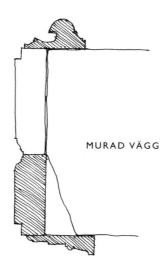

MURAD VÄGG

Ursprungskarmarna av ek kompletterades under 1700-talet med karmar av furu.

Sektion av dörröppning med dubbla karmar. De streckade områdena markerar ny karm och nya foder.

Brahematsalens panel gjordes först efter 1728 och då blev gyllenläderstapeten fem rutor hög.

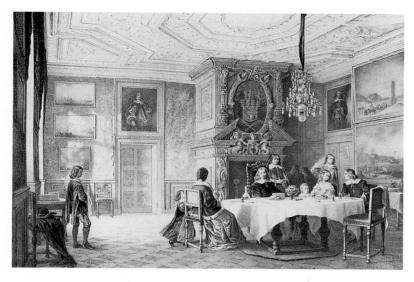

Brahematsalen fick troligen sin relativt höga bröstningspanel enligt rokokons smakriktning vid 1700-talets mitt. Därmed fanns plats endast för fem stycken gyllenläder i höjd i stället för de sex som beskrivs där 1728 års inventarium, då matsalens panel måste ha varit lägre. C.J Billmarks litografi från 1860-talet visar att han uppfattade 1700-talets förändringar som genuina från byggnadstiden.

originalkarmens bredd i slottets nedre våningar aldrig kan mäta sig med motsvarande väggtjocklek måste väggens murning på ena sidan avslutas med en nischartad smygbildning för att kunna möta karmvirket. Önskar man ett foder och gångjärnsfästen även på denna rumssida krävs en extra karm för att ge motsvarande fäste. Detta har man också tvingats till, såväl i hela våningen 1 trappa som i gästrumsvåningen. Endast översta våningen undantogs i detta omfattande kompletteringsarbete, delvis kanske för att väggtjockleken där är klenare.

Vi kan alltså i rum efter rum konstatera senare tillkomna karmar och trösklar, inte av ek, som i originalkarmarna utan av furu, som ju är ett billigare träslag. Detta arbete måste av givna skäl ha föregått kompletteringen av såväl foder som väggpaneler. En ytterligare anledning till dessa operationer kan ha varit en önskan att komplettera med extra dörrar, antingen med enkeldörrar eller också, som ofta är fallet, med döbattanger, d.v.s. två smalare mötande dörrhalvor. Orsaken kan ha varit av statusmässigt slag eller kanske enbart av ljud- eller värmeisoleringsskäl. Vilken nu än orsaken kan ha varit så innebar det ytterligt omfattande byggnadsinsatser för att uppnå denna förändring från en tämligen kärv interiörgestaltning till den mer ombonade vi i dag tar del av. Även här frågar vi oss när detta stora arbete utfördes. Ser vi till själva detaljutformningen av profilkulturen i foder och socklar hål-

*Döbattanger, dubbeldörrar,
sattes in i de nya karmarna både
på första och andra våningen.
Rummet Magdeburg i gäst-
rumsvåningen, dörren
mot korridoren.*

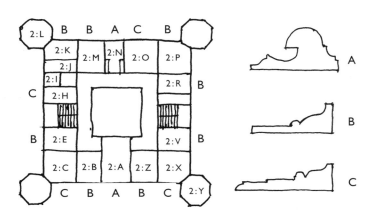

*Wrangel- och Brahevåningarna
med fördelning av dess tre tydligt
rangordnade dörrfoder.*

Foderprofiler i nämnda rum.

ler den sig inom senbarockens formvärld före rokokons ankomst kring 1700-talets mitt.

Dörrfoder och rummens rangordning

Fodrens olika utformning frammanar också bilden av rummens inbördes hierarki. Sålunda äger fodren i kungssalen och alkovsäng-kammaren den högsta valören (A), medan grevens respektive grevin-nans sängkammare kommer därnäst tillsammans med barnkamma-ren och Brahematsalen, som alla har samma utformning och dignitet (C). Resten av fodren (B), de enklaste, förekommer i alla de rum vars dörrkarmar kompletterades med karmar av furu. Tidsföljden mellan foder på ekkarmsidorna och de kompletterande furukarmarna är svår att fastställa, kanske kom de förra först och kompletteringen gjordes i ett senare skede. Framtida forskning får ge svaret. Vi noterar endast situationens inbyggda variationer.

Även om de anförda exemplen bara beskriver några nedslag i en större ännu ej genomförd systematisk studie av förändringar och kompletteringar i slottet pekar de ändå mot att relativt stora arbeten kom till stånd under denna tid. Enligt Andrén utförs en del större arbeten i korridorerna under 1740-talet, d.v.s. under en tid som fort-farande domineras av senbarockens formvärld.

Fönsterbyten

De förändringar som kan knytas till den följande rokokons stilideal gäller framför allt, som tidigare antytts, förändringar och utbyten av nära nog samtliga av slottets fönster. Dessa förändringar låter sig fak-tiskt bestämmas på året när. Det gäller konkreta tidsangivelser, inhuggna i karmvirket med en i slottet fortfarande bevarad stämpel-sats, inköpt 1651. De i karmarna inhuggna årtalen anger rimligen tid-punkten för respektive fönsters tillverkning, men därmed inte säkert dess inplacering i själva byggnaden.

Det handlar nämligen i detta skede, d.v.s. från mitten av 1750-talet till slutet av 1770-talet, om ett utbyte av merparten av slottets fönster, och då inte bara fönsterbågar utan utbyten av hela karmar eller för-ändringar av äldre karmar.

Exempel på det senare är att tidigare sexdelade karmar byttes till fyrdelade men med en till läget förhöjd tvärpost enligt rokokons smak. Endast i några fall, i första hand korridorfönstren kring inre borggården samt i oinredda salen, bibehölls de gamla karmarna, medan mitt- och tvärposter samt bågar byttes och flyttades om till en mer modern utformning och proportion. För bågarnas del ersattes en blyspröjsad glasning av träspröjsar med tärningsmöte, en nyhet av franskt ursprung, introducerad i Sverige under 1730- och 40-talen via Jacques François Blondel av hans uttolkare Carl Hårleman. Med de nya träspröjsarna följde också större glasrutor.

Operationen, om vi håller oss till de instämplade årtalen, börjar i Brahevåningen med fönsterna i rummen 2:L till 2:N samt 2:P redan 1754. Rimligen togs även fönstren i rum 2:M och 2:K om hand, även om inget konkret belägg föreligger. 14 år senare, 1768, stod Brahe-matsalen (2:O) samt blå rummet (2:R) i tur och operationen avslutas tydligen, i varje fall vad karmtillverkningarna beträffar, i Wrangel-våningens samtliga rum kring år 1769. Ett undantag utgör dock min-nesrundeln (2:Y) utanför Wrangels sängkammare, vars fönsterkarmar bär det sena årtalet 1778.

Den tekniska lösningen av fönsterkonstruktionerna varierar. I gula förmaket (2:M) och i alkovsängkammaren (2:N) samt i kungssalens fönster mot borggården ersätts de äldre fönstren med espagnolettför-sedda mötesbågar, helt enligt modernaste franska rokokoförebilder, således utan sedvanlig mittpost. Även rummen mot söder intill

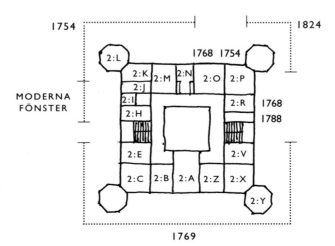

Fönsterbytena på första vå-ningen tog många år i anspråk och vi kan följa processen genom de instämplade årtalen.

Årtal stämplades in i de nya fönsterkarmarna allt- eftersom de tillverkades eller sattes in. 1769 i Kungssalen.

I några fall bevarades de gamla fönsterkarmarna och märkena efter gamla tvärpostlägen lappades i.

En ritning från byggnadsperioden på 1650-talet visar fönsternas ursprungliga sexdelning. Bågarna hade blyinfattat glas. Skoklosters slott.

1700-talets fönster följde rokokons modeschema med förhöjd tvärpost och därmed fyra fönsterbågar i varje fönster. Bågarnas spröjsar utfördes helt i trä. Glasformatet kunde nu göras större, endast i tornen behöll man de blyspröjsade mindre glasen.

Wrangelska barnkammaren (2:H–J) fick sannolikt motsvarande standardhöjningar. Sentida förändringar av fönstersnickerierna medger dock här ingen datering.

I gästrumsvåningen två trappor upp finns färre konkreta belägg för när fönsterbyten skett. Profilbildningen i karmarna visar dock samstämmighet med övriga byten. I ett tornrum förekommer årtalet 1777, i ett annat tornrum, nämligen i nordvästra tornet, har utbyten skett så sent som 1824, d.v.s. i en helt annan tidsperiod. 1777 års karmar äger dock identisk profilutformning med mer än halva det västra våningsplanets snickerier som därmed torde kunna dateras till nämnda årtionde. Översta våningen har i huvudsak originalkarmarna kvar, men med 1700-talsbågar. Däremot är tornvindarnas fönster helt utbytta, troligen under 1800-talets början eller mitt.

»Ett ugglenäste«

Att dessa omfattande fönsterbyten inte bara var ett utslag av nya modeförebilder utan även var tekniskt betingade framgår av Johan Gabriel Oxenstiernas kommentarer från ett besök på Skokloster år 1767, d.v.s. under den tid som fönsterbytena pågick som bäst i Brahevåningen. Oxenstierna skriver att »fönstren är sönderslagna, det växer gräs på väggarna, det är knapt att taket kan skydda huset mot regnet, och när man ser det tror man sig snarare se ett väldigt ugglenäste än ett palats, fordom så ståtligt«. Kanske får man ta yttrandet med en nypa salt då han i övrigt är irriterad över dåligt bemötande under besöket, som råkade sammanfalla med att kronprins Gustav (III) besåg slottet. Därav klagolåten över den påvra inkvarteringen då hovet givetvis fick de bästa rummen. Uppenbarligen befann sig slottet i ett tillstånd av eftersatt underhåll och fönster utgör alltid en förgänglig detalj i en byggnads konstruktion. Det är samtidigt givet att karmbyten inte kan försiggå helt obemärkt. Ett utbyte av en fönsterkarm i äldre tid berör inte bara intilliggande ytskikt eftersom karmen även utgör upplag för de skift tegel som befinner sig alldeles ovanför karmen. Följden blir omfattande murningsarbeten såväl utvändigt, vilket tydligt kom fram vid senaste putsrenoveringen i början av 1970-talet, som invändigt. Då inser man snart att bruksbaljor och tegelpallar rört sig ut och in genom slottets gemak i en mycket stor omfattning. Och hur tedde sig rummen då med alla dess tavlor och möbler hopfösta eller undanställda? Kanske bidrog även detta till Oxenstiernas kritiska omdöme. Ännu i dag kan man lätt se omfattningen av dessa putskompletteringar i såväl fönster- som dörrnischer där 1700-talets grövre, mer sandartade puts står i kontrast till 1600-talets glättade och släta originalputs. Arbetena krävde säkert ställningsbyggande även på slottets utsida vilket innebar att man sannolikt koncentrerat fönsterbytena till avgränsade etapper. Den tidigare anförda fördelningen över tiden, från 1750-talet till 1770-talet, talar även för detta. Sannolikt revs också de forna balkongerna på sjöfasaden under denna tid. Carl Nyreen nämner dem dock inte i sin om än mycket korta karakteristik av slottets utseende 1761. Däremot påstår han att slottet befinner sig »i tämligen gott stånd«. Ännu hade inte de omfattande fönsterbytena mer än påbörjats i några rum. Wrangelvåningens fönster byttes ju först 1769.

Av slumpvis bevarade räkenskaper från 1750-talet vet vi att man börjat ta ut fönster och mura igen vissa öppningar redan 1755. Nästa år tillverkar snickarmästaren Fredrik i slottets verkstad åtta lufter (lufter betyder i denna tid språkligt sett hela fönster, inte bågar som vårt nutida språkbruk anger. En luft kunde således bestå av t.ex. sex fönsterbågar). I slottets räkenskaper uppges att fem fönster i sydöstra tornet muras igen och det bör gälla fönster i rummen 1:c, 1:d och 2:c. Gjordes detta av statiska skäl? Under 1757, året efter Erik Brahes död, skickas 49 par hästar till Rydboholm för att hämta 408 ekplankor till slottets fönsterkarmar. 1758 avgick stora båten till Stockholm för att hämta bräder, troligen av furu, till fönsterbågar i slottet. I en redogörelse från 1778 över förvaltningen av den omyndige Magnus Fredrik Brahes egendomar får vi veta att ekvirke till reparation av fönsterna hämtats från Skåne och att ett av tornen, vilket av dem är osagt, satts i stånd.

Nya boksamlingar anländer

Den 26 mars 1755 hade 26 par hästar sänts iväg till Salsta i Uppland för att hämta den stora Bielkeska boksamlingen till Skokloster. Erik Brahe hade nämligen inlöst Salsta med dess inventarier av sin första hustrus mor Eva von Horn, gift Bielke. Nyförvärvet innebar en mycket stor tillökning av slottets boksamling, böcker som på sikt måste söka sin plats i nytillverkade bokhyllor. Det skedde nu inte vid detta tillfälle utan lät vänta på sig ytterligare ett halvsekel till början av 1800-talet. Men vi vet att en magister Trägård fick lön under två år på 1770-talet »til att bringa Ordning« i biblioteket som kommit från Salsta och de böcker som redan tidigare fanns på Skokloster. Omkring 1800 kom också biblioteket från Ulrik Scheffers Stora Ek i Västergötland, också det sannolikt en tid förvarat ouppackat i lårar.

De härbergerade boksamlingarna på slottet krävde en mer stånds-mässig ram. Detta kom så småningom att bli en viktig uppgift för föl-jande fideikommissarier. Under 1800-talets första årtionden upprät-tade Magnus Fredrik Brahe en egenhändigt handskriven katalog som stämmer med hur böckerna ännu idag står placerade i rum och hyllor. Vi kan således ana omfattningen av en stor rörelse i bibliotekets orga-nisation under åren fram till 1824 då den sista handskrivna katalogen var färdigställd. Vi ska återkomma till detta, då främst med tanke på innebörden av de stora inredningsarbeten i biblioteksvåningen som vi i detalj kan följa under det tidiga 1840-talet.

Fler reparationer

Enligt Carl Nyreens beskrivning av slottet 1761 orkade godset knap-past bära omkostnaderna för slottet. Antingen motsäger detta serien av nyss anförda förbättringar eller har medel för upprustningen till-förts på annat sätt. Vi bör kanske i detta sammanhang påminna oss de rader som Erik Brahe lät nedskriva strax före sin brutala avrättning i juli 1756: »Huset rekommenderar jag att det inte må förfalla, spika igen de söndriga fönstren i övervåningen till de något kunna hjälpas.« Att Erik Brahe före sin död verkligen beslutat om en upprustning och iståndsättning av framför allt slottets fönster framgår av ovan redovi-sade räkenskapers innehåll samt av dateringen 1754 av Brahevåning-ens nya fönster. Det fulla genomförandet fick han aldrig uppleva. Kanske var det av ekonomiska skäl som slottet från 1776 och ett antal år framöver arrenderades ut för 1000 rdr kmt till överkammarherren greve Carl Gustaf Piper som sommartid bodde där med sin familj. Piper var bror till Erik Brahes änka och alltså morbror till fidekom-missarien Magnus Fredrik Brahe.

Det är här inte avsikten att i alla delar söka beskriva 1700-talets ombyggnader och reparationer i slottet, det skulle föra alltför långt och utgör i sig ett annat spännande forskningsfält. Men murnings-och målningsarbeten, inte minst kompletteringar av interiörernas snickerier, pågick sannolikt kontinuerligt alltifrån seklets början. Erik Andrén anför murnings- och glasmästararbeten kring 1730, vilket dock kan gälla Stenhuset norr om slottet, och 1748 omtalas reparationer av slottets korridorer. Vidare läggs ett okänt antal golv om i slottet 1791. Det gällde troligen stengolv som byttes till varmare trägolv och arbetet utfördes av Gottlieb Iwersson, slottssnickare vid Stockholms slott men i detta arbete anställd av Gustaf Adolf Ditzinger. Utan tvekan bör dock fönsterbytena och kompletteringen av slottets snickerer ha betytt oerhört mycket för såväl dess utseende som dess tekniska skydd. Vill man rätt förstå de omfattande arbeten som sedermera utfördes under 1830- och 40-talen bör man således känna avgränsningen mot 1700-talets mycket stora insatser. Dessa insatser gällde inte bara en modernisering utan också ett tidigt fullföljande av den fasta snickeriinredningen i de enskilda rummen, som hade lämnats mer eller mindre utan inredningssnickerier med eventuella draperimålningar som ersättning. De nya arbetena skedde dock i en nära uppföljning av 1600-talets ideal men utfördes sannolikt först under 1700-talets förra del, kanske en tidig historiserande insats. Närmare kan vi för närvarande inte precisera åtgärdernas tillkomst, bara att de genomfördes. Frågan bör följas upp.

Magnus Brahe målad av Fredrik Westin 1833. Skokloster.

Omgestaltningen
tar sin början

Magnus Brahe – adelsmannen och godsherren

Här måste vi bryta framställningen av åtgärderna på Skokloster för att inför 1800-talets förändringar presentera bokens huvudperson, excellensen Magnus Brahe, slottets fideikommissarie under åren 1826–1844.

Magnus Brahe var född 1790. När hans far Magnus Fredrik Brahe dog 1826 övertog han fideikommisset Skoklosters slott och egendom. Som huvudman för grevliga ätten nr 1 fick han rang av Sveriges förnämste adelsman. Han var konungens gunstling och snart blev han en av landets mäktigaste män. Under senare delen av sitt liv, som sammanfaller med den tid då de stora nyinstallationerna på Skokloster gjordes, titulerades han på följande sätt: Hans Excellens Riksmarskalken, Generaladjutanten för Armén, Riddaren och Kommendören av Kungl. Majts Orden m.m., m.m., Greve Magnus Brahe.

Utöver Skokloster ägde han delar av Rydboholm och Salsta samt del i ett stenhus, Drottninggatan 31 i Stockholm.

Magnus Brahe gjorde en enastående snabb karriär på den militära och politiska banan. När han tillträdde Skokloster var han redan generalmajor och riksdagen 1828/30 ledde han på ett för regeringen oväntat gynnsamt sätt. 1831 utnämndes han till en av rikets herrar, d.v.s. han blev serafimerriddare, och 1834 blev han riksmarskalk. Hans vänskap med Karl XIV Johan är alltför välkänd för att skildras här. Kungen var mycket beroende av Brahe inte minst på grund av sina bristande kunskaper i svenska.

Redan från omkring 1830 fanns en begynnande opposition mot »Braheväldet«. Från sommaren 1838 utsattes Brahe för mycket hätska angrepp som också drabbade kungen. Oppositionen krävde Brahes avlägsnande. Riksdagen 1840–41 betydde slutet på Brahes ledande ställning, såväl i riksdagen som i riddarhuset.

Omdömet om Brahes inflytande har varierat starkt: Brahe säges »bland våra stora konungars rådgivare stå näst Axel Oxenstierna främst i historien« (statsrådet J. af Wingårds Minnen) medan man i pressangrepp talde om »favoritstyrelse« (Nya Argus) och »rådgivare i sängkammaren« (Minerva). Aftonbladet har 14/10 1844 en stor och oerhört kritisk artikel bara en månad efter Brahes död där han beskrivs som »ett slags vicekonung i landet, stödet och verktyget för det mest

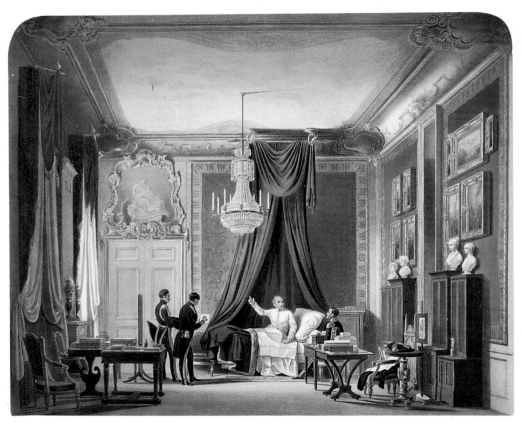

Karl XIV Johan dikterar brev i sin sängkammare på Stockholm slott. Hans ständige följeslagare Magnus Brahe sitter vid huvudgärden. Litografi efter målning av Carl Stephan Bennet omkring 1840. Kungl. Husgerådskammaren.

impopulära styrelsesystem, detta land haft att uppvisa sedan Gustav III:s senare regeringsår.« Utan tvekan var Brahe en man med mycket stor makt. Karl Johan hyste ett obegränsat förtroende för honom och hans omdöme. Hans ståtliga yttre och älskvärda sätt, hans utomordentliga franska, hans elegans och sätt att föra sig har gjort att man i honom sett urbilden för en ädling. Andra har pekat på hans ytlighet, maktfullkomlighet och bristande bildning.

Alltid vid kungens sida

Under kungens sista år, säger Brahes biograf Rune Stensson, var han oförtrutet vid dennes sida med undantag av en beordrad treveckors resa till Ryssland 1842 och några korta besök på Skokloster och Rydboholm. När kungen drabbades av sin sista svåra sjukdom och fram till dennes död den 8 mars 1844 lämnade Brahe knappast sjukrummet. Det finns många vittnesbörd om Brahes rent rörande och självuppoff-

Magnus Brahe. Daguerreotypi av A. Derville, Stockholm 1844. Skokloster.

rande vänskap för kungen. Sedan ungdomen hade Brahe haft »klent bröst« och under senare år plågades han av svår hosta med kramper. Han fick då dessutom svårt att äta och magrade kraftigt. Under kungens sjukdom drog han på sig en överansträngning och en svår förkylning som ledde till döden. Hovpredikanten Axel Eurén har yttrat att han aldrig sett en människovarelse så lik en redan död, vilket ju besannas av en bevarad daguerrotypi. Hans gruvliga hosta skallade under valven när han satt sörjande vid kungens kista i Riddarholmskyrkan. Den 16 september gick han bort. Det är mycket märkligt att under tiden mellan dessa två dödsfall fortsatte upprustningen febrilt av Skoklosters nya inredningar.

Magnus Brahe var för sin tid en mycket berest person. Redan 1809–10 deltog han i en ambassad till Paris, och endast några månader senare åtföljde han sin far och styvmor på en beskickning till Paris, Tillsammans med sin far deltog han i det napoleonska väldets kanske

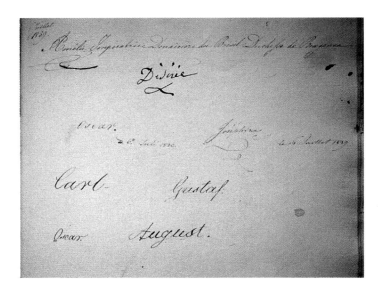

Skoklosters gästbok den 6 juli 1839, då de kungliga var på besök. Kejsarinnan Amélie av Brasilien, hertiginna av Bayern, var en yngre syster till kronprinsessan Josefina. Övriga gäster var drottning Desideria, kronprinsparet och små-prinsarna. Skoklosters slott.

stoltaste ögonblick, då Napoleon officiellt gratulerades till sonens födelse och utnämning till »konung av Rom« 1811. Magnus Brahe följde kronprins Karl Johan till Åbo 1812 samt var med under tyska fälttåget mot Napoleon 1813–14. I S:t Petersburg hade han som helt ung tillbringat flera sommarmånader 1807, i mars 1826 var han åter där, 1830 följde han kronprins Oskar dit och 1839 var han utsänd av kungen. I juni 1840 var han i Berlin och 1842 åter igen på ett kort besök i S:t Petersburg vilket var femte gången han besökte den ryska huvud-staden. På många resor till Norge var han Karl Johans följeslagare. Det är alldeles tydligt att det var Paris och S:t Peterburg som var de viktigaste resmålen.

Gästboken på Skokloster vittnar om de täta förbindelserna med kungahuset och de kungligas välvilja. De besöker slottet flera gånger i samband med vistelse på Rosersberg. 1835 kommer kungen och drott-ningen med uppvaktning, sannolikt för att inspektera minnesrundeln med den av Karl Johan skänkta marmorskulpturen. Samma sommar , och även sommaren därpå, gästade kronprinsessan Josefinas släkt-ningar från München Sverige och då ingick ett besök på Skokloster i programmet. 1838 kom kungafamiljen dit med den ryske tronföljaren Nikolaj I och 1839 uteblev kungen men drottningen samt Oskar och Josefina med deras fyra små söner gästade slottet. Vid varje besök kom de kungliga med gåvor till Magnus Brahe. I inventariet 1845 finns gåvorna införda. Det är allt från virkade börsar till silvertallrikar och dyrbara antikviteter. Själv brukade Brahe besöka Skokloster vid pingst och i augusti.

Magnus Brahe och kronprins Oskar

Magnus Brahes förhållande till kronprinsen var att döma av dennes brev mycket gott. Så avslutar kronprinsen ett brev av den 11 augusti 1835 och liknande vändningar förekommer ofta: »Farväl min vän, jag gläder mig åt den tanken att i morgon få återse dig, och förnya försäkran om den uppriktiga vänskap som jag skall bära dig så länge jag lefver!« Kronprinsens intima ton har dock ingen motsvarighet i Magnus Brahes brev. Få är bevarade; ett skrivet 18/8 1843 börjar »Nådigaste Herre« och undertecknas »Ers kongl. höghets Underdånigaste och tillgifnaste tjenare M. Brahe«. Breven finns i Bernadotte-arkivet, där ett 70-tal brev från kronprins Oskar till Brahe från åren 1833–39 är bevarade.

Kronprinsens vänskap anses ha svalnat efter ett upplopp i Stockholm 19–20 juli 1838, då kungen gett order om att man skulle skjuta mot pöbeln. Oskar lär då ha bett sin far ändra ordern och själv velat gå ut och tala till folkmassan. För detta blev han åthutad, och när Magnus Brahe smidigt ändrade kungens beslut och dessutom ådrog sig dennes tacksamhet för detta, tycks kronprinsen känt sig helt överspelad. Men denna händelse tycks inte ha hindrat kronprinsparet att besöka Skokloster sommaren 1839 då de, som nyss berättats, kom med sina fyra små söner.

Brahe hade en stor privat konstsamling som han till stora delar ärvt efter sin far. Den förvarades i huset vid Drottninggatan i Stockholm, och visades vid vissa tidpunkter för allmänheten. Den såldes på auktion den 5–6 dec. 1845. Auktionskatalogen tar bl.a. upp holländare, vyer av Rydboholm och Skokloster samt några historieskildringar. I vad mån han i övrigt haft estetiska intressen är svårt att avgöra. Kronprinsen ber honom om en tjänst i ett brev den 19/7 1835: »Då jag reste glömde jag att välja border till de tapeter som jag utsåg till mina rum, då jag har fullt förtroende för din goda smak, får jag be dig vara god och välja dem.«

Magnus Brahe köpte in antikviteter till Skokloster för att förtäta möbleringen och sannolikt för att förstärka den historiska upplevelsen. Vi kan ana att upprustningen av Skokloster sannolikt var gjord mer av ideologiska grunder i medvetandet om Wrangel- och Braheätternas betydelse för Sveriges historia, än beroende på egna estetiska intressen. Ambitionen och syftet är dock svårbedömda.

I mängden bevarade brev av Brahes hand finns dessvärre ingenting om upprustningen på Sko. Många brev är skrivna till hans »älskade mamma«; så kallade han sin 12 år äldre styvmor Aurora Brahe f. Koskull, den person efter kungen som sannolikt stod honom närmast. Breven är sällsynt tråkiga och fantasilösa, de innehåller mest rapporter om kungens hälsa, skildringar av trupparader, befordringsärenden och resor med kungen. Ett undantag är ett brev skrivet under hans vistelse på Skokloster 24–28 maj 1844, som var hans näst sista besök där. Det formar sig till en kärleksförklaring till godset: »... sedan har jag gått omkring i rummen, trädgården och till den nya statbyggnaden, som jag håller på att uppföra. Jag har varit ganska nöjd med allt vad jag sett, ty jag har funnit den samma ordning, drift och omvårdnad om allt rådande här nu, som vanligt. Landet är Gudomligt vackert. --- Fruktträden äro i full blom och har jag aldrig sett dem så överhöljda med blom som i år, med ett ord aparencerne äro högst lovande och landet för det närvarande det vackraste och mest intagande man kan se.«

Magnus Brahe dog den 16 september 1844, drygt ett halvår efter sin herre och kung. Huset vid Drottninggatan och den dyrbara konstsamlingen måste säljas för att täcka dödsboets stora skulder. Eftersom han levt ogift och utan arvingar gick Skokloster i arv till hans halvbror Nils Fredrik, som gick bort redan 1850.

Magnus Brahe och Skokloster

Magnus Brahe övertog som nämnts Skokloster i december 1826. Liksom tidigare förvaltades godset av en inspektor. Ägaren själv utnyttjade det liksom sina fäder enbart som sommarbostad under några korta besök varje år. Den egentliga bostaden var Drottninggatan 31 intill Klara kyrkogård i Stockholm, och efter 1834 även riksmarskalksvåningen på Stockholms slott. Magnus Brahes dagliga syssla som konungens mycket betrodde, närmast personlige vän innebar säkert en dygnetruntjour vad gäller arbetstid. Desto märkligare är att han relativt snart efter övertagandet av Skokloster reagerade så pass konstruktivt beträffande vidmakthållandet av slottets värde och innehåll. Den inspektor som var satt att bevaka egendomen hade i första hand till

Måtte min älskade Mammas resa tile Stockholm gå lyckligt och väl, Mamma finna sig bra där, samt att Mamma vile vara nådeg och taga vara på sin helso ej förkyla sig och ej fattiguera sig för mycket under sin lands sejour. Ute alla de rum som varit eldade här i Climatet mycket godt, i de öfrige något svalt, men ej kallt emedan Solen varit nu så länge verkande.—

I går var Excellencen Ugglas en famille här ifrån Krusensberg. De återkomma således ej, ty de veta att jag hvarken tile helsa eller lynne är en angenäm värd att besök. Jag risquerar ej eller några besök ifrån Upsala, derom är Sammeligen förvissad.

Will Mamma vara nådeg och framföra tusende hjertliga helsningar tile Syskonen samt tile de söta barnen.

Nu slutar jag för i quätt, ty jag är något trött.

Skokloster
d: 24 Mai.

Sista sidan av ett brev skrivet av Magnus Brahe den 24 maj 1844 till den älskade styvmodern Aurore Brahe f. Koskull. Riksarkivet.

uppgift att se till godsets överlevnad, det är knappast troligt att kraven från ägarens sida någonsin var högre ställda. Ytterst litet gick uppenbarligen tillbaka till ägaren i form av pengar, mest kan man ur gårdsräkenskaperna notera leveranser av enstaka naturprodukter till excellensens hovhållning i Stockholm.

Man bör naturligtvis se övertagandet som en traditionsmättad och ytterst pliktuppfylld gärning. Magnus Brahe stod, efter sin far Magnus Fredrik Brahe, ensam som innehavare av Skokloster, hans yngre bror Nils hade tagit hand om barndomshemmet Rydboholm. Salsta ägdes gemensamt av dödsboet efter fadern. Vi vet dock inte hur mycket Magnus Fredrik Brahes andra hustru Aurora Brahe påverkade skötseln av makens forna gods. Hon gick bort först 1852. Magnus Brahes koncentration på Skokloster kan ur detta perspektiv ses som begriplig. Gårdsräkenskapernas innehåll, tillsammans med hans dödsboräkenskaper visar en stor mängd åtgärder för slottets underhåll, för dekorationsmålning och nymöblering. Kunskapen fördjupas genom studiet av de förteckningar av föremål som slottets alla inventarier redovisar. Inte minst viktiga i detta sammanhang har de informationer varit som Skoklosters slott självt, framför allt genom en närgången analys av ofta svårläst slag bidragit med, nämligen de dåtida hantverkarnas inskriptioner och ditkluddade namn och dateringar på de mest undangömda ställen, på väggar, inne i spislar eller på undersidan av möbler.

Den följande framställningen utgår från en kombination av dessa observationer, fysiska såväl som arkivaliska. Tolkningen av dessa syftar att ge en bild av den massiva, rent av magnifika omgestaltning av slottet, som genomfördes från omkring 1830 framtill i första hand 1844, Magnus Brahes dödsår, men även i någon mån därefter. Under Magnus Brahes regim rönte interiörerna ett oavlåtligt huvudintresse. Under nästkommande fideikommissarier genomgick exteriören en motsvarande troligen välbehövlig upprustning, lappad och lagad i putsen som den blivit under 1700-talets många fönsterbyten. Kulmen för detta senare inträffade först dock kring 1855, och innebar en total putsrenovering tillsammans med en mängd andra insatser, bland annat nyhuggande av trofékrönet över östfasaden. Det är dock en annan historia.

Men låt oss först se till Magnus Brahes tidigare insatser och framför allt hur dessa tog godsets arbetskraft i anspråk.

Torpardagsverken visar omvandlingens intensitet

Vi kan följa detta i Skokloster gårds bevarade räkenskaper från år 1825 och framåt genom ett antal decennier. Under de första årtiondena är de innehållsligt lättåtkomliga. De berättar om inköp av byggnads- och andra material och om gårdens olika byggnader. Slottet kan studeras separat i egna kontotabeller och man får också besked om olika kategorier av inblandade gårdshantverkare, dagsverkstorpare och naturligtvis om beställda eller utförda arbeten. Som i alla räkenskaper blir motiv och den exakta handlingen inte alltid åtkomlig, men mycket framstår ändå som tämligen klart och definierat till sitt innehåll.

Under perioden tecknar sig torparnas och de mindre gårdarnas kontraktsbundna dagsverksskyldighet som en merpart av antalet dagsverken knutna till uppgifter i slottet. Men även gårdens helårsanställda hantverkare, det kan gälla murare, snickare, smed eller skräddare, kan vissa år ha ägnat ett väl så stort antal dagar i slottets tjänst. Man får inte glömma att såväl torpare som gårdshantverkare tjänade hela godset, inte bara slottet. Ser man i detta sammanhang särskilt till de kostnader som tas upp för själva slottet, och i synnerhet de arbeten som gäller byggnads- eller reparationsarbeten uppgår i genomsnitt mängden torpardagsverken under det sena 1820-talet till någonstans mellan 75 och 150 dagsverken per år medan gårdshantverkarnas insatser kunde variera beroende av uppgifternas art, alltifrån halvårsvisa engagemang till ett mindre antal dagar för respektive hantverkarkategori. Året 1825, ännu under fadern Magnus Fredrik Brahes tid, då de bevarade räkenskaperna tar sin början, utgör torparnas dagsverken främst för handräckning endast 160 dagar medan hantverksinsatserna går upp till 200 dagar. Siffrorna varierar visserligen för båda kategorierna genom åren, men kanske kan detta, i varje fall för torpardagsverkena, få gälla som en normal nivå av slottets krav på underhåll i ett tidigt skede av det nya seklet. 1828 är siffrorna så låga som 72, resp. 48.

Märkligt nog stiger dessa insatser till betydligt högre antal dagsverken för år 1829, d.v.s. det tredje år som Magnus Brahe, nytillträdd fideikommissarie, är beställare av arbeten och insatser i slottet. Dagsverksiffrorna ger detta år ett extremt högt tal, 411 torpardagsverken och 160 hantverksdagar i slottet, och av räkenskaperna att döma kan man läsa sig till att bl.a. hela borggårdens yta gjordes om detta år. Det är sannolikt då den gamla beläggningen av släta sandstenshällar tas bort för att ersättas med kullersten. Endast vattenrännorna av sandsten längs arkadpelarna och de mot brunnen mynnande rännorna bevarades. Vidare utfördes en stor mängd murningsarbeten, vilket bl.a. bör ha gällt den numera rivna väggen i rum 1 : x i bottenvåningen, d.v.s. en vägg som delade det nuvarande utställningsrummet intill receptionen i två rum. Åtgärderna gällde ordnandet av en bostad för den några år tidigare anställde rustmästaren och sadelmakaren Isac Giers. Giers tillträdde sin tjänst 1823 och bodde till en början i bottenvåningens sydöstra hörn, d.v.s. nuvarande kansliets utrymmen. Giers kom att tjäna slottet ända till 1865 , således under hela den period vilken vi i det följande kommer att behandla.

Ytterligare en viktig insats som Magnus Brahe gjorde under sina första år som ägare var att ordna för en bättre förvaring av slottets märkliga manuskriptsamling. I juni 1829 rekvirerades 24 st furubrädor för detta ändamål. Uppdraget anförtroddes sannolikt den nytillträdde slottssnickaren Robert Sahlberg. Skåpen finns för övrigt bevarade.

Vad som i övrigt rörde slottet under 1820-talets senare hälft, d.v.s. under Magnus Fredrik Brahes sista och Magnus Brahes första år som fideikommissarier, var föga uppseendeväckande. Räkenskaperna redovisar i vanlig ordning murningsarbete av slottsmuraren Corin, däribland arbeten i gamla stenhuset, i övrigt endast smärre reparationer som omsättningar av kakelugnar. 1825 tillverkar slottssmeden Magnusson däremot överraskande 400 st diverse lås för slottet, oklart för vilket syfte då antalet är tämligen stort. Samtidigt tillverkar han 500 »dubbel-Salsspik«, vad det nu kan ha varit, likaså för okänt ändamål. Året 1829 betyder således i detta sammanhang en klart extraordinär satsning med en betydande arbetsinsats.

Arbetsinsaterna ökar

Det kan i detta ögonblick också vara av intresse att se hur hantverkarinsatserna och rekvisitionen av dagsverken från torparnas sida tecknar sig i ett mera övergripande perspektiv under de närmast följande decennierna. Gårdsräkenskaperna ger återigen svaret.

I räkenskaperna är antalet slottsanknutna dagsverken på ett enkelt och överskådligt sätt samlade under slottets konto. Alla dessa bokförda dagsverken kan naturligtvis inte med säkerhet knytas till åtgärder i själva byggnaden, där måste vi något reservera oss. Sannolikt är de ändå på ett eller annat sätt konsekvenser av de mer konkreta arbeten som utfördes i slottet. Slottet var ju inte bebott i vanlig mening, fideikommisarien besökte det vid enstaka tillfällen, vanligen under våren och sommaren. Därför kan vi rimligen utesluta en del bestyr som hörde en normal hovhållning till och som annars skulle ha belastat mängden dagsverken.

Ur gårdsräkenskaperna växer bilden av utnyttjade torpardagsverken för slottets räkning fram med alldeles specifika tyngdpunkter eller intensivare perioder (se fig. nedan). Toppmarkeringen för år 1829 har redan berörts men 1832 och året därpå växer antalet dagsverken på nytt. Intensiteten faller under de närmast följande åren men växer på nytt i storlek från och med 1836. Året 1839 tecknar återigen ett uppsving med viss dämpning under de följande åren fram till 1844, medan mängden dagsverken sjunker ned till bottennoteringen 54 under 1845. Behovet av i första hand handräckning för de i slottet sysselsatta yrkeshantverkarna har givetvis påverkats av rytmen och periodiciteten av interiörenas omgestaltning. En ekonomisk förlamning bör således ha inträtt vid Magnus Brahes frånfälle i september 1844, samtidigt gick också rimligen den samlande viljan och därmed själva idén med hela företaget i graven. Under de följande åren, således det senare 1840-talet, stiger arbetsinsatserna långsamt på nytt och når en ny höjd kring 1850. Det är emellertid svårt att lokalisera dessa arbetsin-

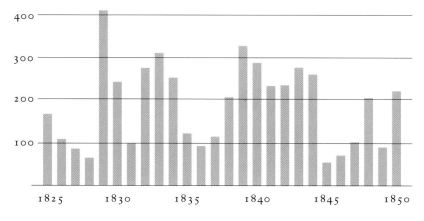

Stapeldiagram över antal torpardagsverken som berörde Skoklosters slott.

satser. En ny höjdnotering kring 1855 gäller, som tidigare antytts, en yttre putsrenovering då slottets samtliga fasader vattrevs för att skapa ett bättre underlag för kalkavfärgning. Slottsmurare Corin har själv i grafitti i ett av tornvindarna kommenterat arbetets art och omfattning. Denna puts satt faktiskt fram till 1960- och 70-talens välbehövliga fasadrestaurering.

Ur det bearbetade materialet framgår med stor tydlighet att 1830-och 40-talens arbeten på Skokloster innebar en ansenlig rekvisition av godsets arbetskraft, sannolikt i konkurrens med andra mer jordnära sysslor.

Arbetsinsatserna 1829–30 utgjorde uppenbarligen en startpunkt för de mycket omfattande arbeten som inom Magnus Brahes fideikommissarieperiod kom att verkställas under de två följande decennierna. Den verkliga och samtidigt mycket betydelsefulla tröskeln till denna omdaningsprocess passerades i och med att minnesrummet i Wrangelvåningen gestaltades kring 1830. Dess utgångspunkt och förutsättningar ska vi ta upp i det följande.

Minnesrundeln tar form

Åren kring 1830 är alltså betydelsefulla, det är då den första konkreta insatsen för att ge ett nytt innehåll till slottet kan dokumenteras. Då omgestaltas, vi måste föreställa oss på ägaren Magnus Brahes trägna tillskyndan, tornrummet invid den Wrangelska sängkammaren till ett regelrätt panteon helgat åt den åldrade Karl XIV Johan. Först senare kom det att kallas minnesrundeln eller minnesrummet. Professorn i måleri vid Konstakademien, Per Emanuel Limnell (1766–1861), vid denna tid en gammal man, utförde omkring 1830 en dekoration i grissaille av tornrummets väggar, en målning som i sin tidstypiska senempirartade utformning på alla sätt innebar ett klart nytt, såväl modemässigt som estetiskt tillskott till slottet. Också det sätt på vilket dessa målningar smältes samman med den kvarvarande 1600-talsdekoren var ny och innebär en intressant parallell till Limnells teatermåleri, varom mera nedan.

På väggarna utvecklade Limnell en klassicistiskt betonad och grafiskt pregnant kavalkad över Karl Johans liv från födelsen, hans segrar under Napoleon och fram till adoptionen och tronbestigningen, bevakade av storfiguriga gudinnelika gestalter ur den antika mytologin.

Tornrummet innanför Wrangels sängkammare inreddes som en hyllning till Karl Johan. I dess mitt står kolossal-
statyn av guden Mars med kungens ansiktsdrag, en gåva av kungen själv 1835 och gjord av skulptören J.N.
Byström. Bakom skymtar Byströms gipsoriginal, daterade 1833, till kolossalstatyerna i Rikssalen på Stockholms
slott. Samma kroppsställning och samma gest vill säga att Karl Johan är Gustav Adolfs like och sanne arvtagare.

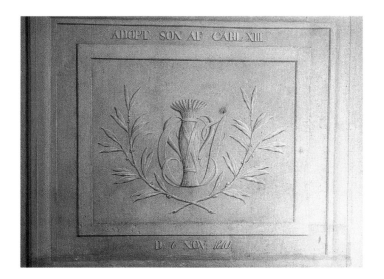

Tornrummet som senare kallats minnesrummet eller minnesrundeln har vägg-målningar i grisaille som framställer Karl Johans liv; här illustreras hans adoption. Konstnären var Per Emanuel Limnell.

Teaterdekoratören, med sin vana att ge en gotisk inramning åt scen-bilder, till exempelvis dramer som *Gustav Adolf och Ebba Brahe* av Gus-tav III och J. H. Kellgren, kommer till sin rätt även när det i detta fall gällde att smälta samman nutid med 1600-tal. 1600-talet uppfattade man vanligen med rätta som fortfarande gotiskt och den samtida hi-storiesynen återgick med en viss ambivalens stilmässigt sett på likart-ade föreställningar. Som en tribut till det senare kröntes rummets väg-gar av en målad gotiskt inspirerad bågfris, väl samverkande med det yppiga, blombladsdekorerade stucktaket från 1670-talet.

Enstaka föremål av konungslig preciosa eller fetichism lades ut i några för ändamålet lätt gotiserande möbelmontrar – en av dem gjor-des 1835 för ett svärd som Karl Johan vid sitt besök spontant tagit av sig och skänkt till Skokloster. Samma år kom den imposanta skulptu-ren av Johan Niklas Byström föreställande Karl Johan som guden Mars på plats, skänkt av konungen själv och hämtad från Rosersbergs park. Redan dess tyngd av homogen marmor ledde till överväganden av statiskt-tekniskt slag. Resultaten av dessa blev en pelare i form av en kraftig vitlimmad trästam i våningen inunder. Den ger ett, om än tvek-samt, skydd mot ett instörtande valv som skulle kunnat – om olyckan varit framme – frammana den oönskade symboliska effekten av en fal-len monark. Dock står han upprätt den dag som idag är.

Att vi i detta fall utpekar Limnell som konstnär återgår på en notis i Aftonbladet 4/8 1836 och återkommer som en sidokommentar i en tryckt beskrivning över lustresor med ångbåt, *Till Drottningholm, Swartsjö, Rosersberg, Sigtuna, Skokloster och Upsala*, Stockholm 1855. Attributionen förefaller sannolik med tanke på Limnells uppenbara intresse för grissailletekniken och på att han i snarlikt manér utförde en altarprydnad i den slottet närbelägna Övergrans kyrka 1834, alltså några år senare än uppdraget på Skokloster.

Nästan alla hantverkare, konstnärer och leverantörer som Magnus Brahe använde vid omdaningen av Skokloster hade varit i tjänst på Stockholms slott. Så också Limnell. 1822 hade han dekorerat kungens matsal med en ornerad taklist med »lagrar och kronor i vitt« och gjort fyra nya dörröverstycken i vitt mot guldfond. Två år senare dekorerade han kronprinsessan Josefinas bönekabinett, också det i vitt och guld. Hans bästa arbete, dekorationerna mot guldgrund i den s.k. Lanterninen på Rosendals slott kan man ännu se. Minnesrundeln på Skokloster kunde rimligen ses som en förebådande svala inför betydande förändringar i samma art av övriga rum i slottet. Av outredda skäl kom denna förnyelse av sig. Det gotiserande inslaget förblev trots allt en enstaka händelse, om än väl förankrad i tidens historiserande tankevärld, i synnerhet på kunglig nivå. Genom kronprins Oskars omgestaltning av ett rum, det s.k. götiska rummet, på Stockholms slott under det sena 1820-talet gavs också en statusmässigt ofrånkomlig förebild. Utformningen av den tidigare, eventuella fasta inredningen i tornkammaren känner vi dessvärre inte, den revs saklöst bort och väggarna gavs ett nytt och betydligt slätare putsskikt, närmast gipsartat, som underlag för den nya målningen. Sannolikt tillkom även i detta ögonblick en ny extra karm i dörröppningen mot sängkammaren tillsammans med en ny dörr av gotiserande slag. En ny panellist krönte tornrummets bröstningshöjd. Även fönstren gotiserades med en enkel målning på fönsterglasen med svarta streck i spetsbågeformer. Fönsterkarmarna från 1778 behölls dock.

Syftet med en gotisk känsla av tempelaktig andakt, om endast inför en världslig kung, var sannolikt betydelsefull. Den ödmjuke undersåten skulle känna sin ställning och sitt överhuvuds storhet. Bakom åtgärden fanns säkert en dubbel avsikt. Slottets ägare gjorde här en hövisk gest visavi sin herre och kung. På grund av att slottet redan i detta skede genom den nyöppnade ångbåttrafiken från Stockholm och Uppsala var en frekventerad besöksplats fick tornrummet i sin nya gestalt ett stort propagandavärde för Karl Johan, vilket naturligtvis var både kungens och Magnus Brahes avsikt.

Skokloster mellan
1830 och 1844

– den fasta inredningen

Vi har tidigare behandlat själva utgångspunkten för restaureringen, minnesrundelns förvandling från ett 1600-talskabinett till ett panteon över Karl XIV Johan. Den lätta blandning av senklassicism och gotik som omkring 1830 blev resultatet kunde ha pekat på en uppföljning av samma slag i de följande rummen, men därav blev som nämnts intet. I stället avstannar arbetena i slottets gemak under några år. Kanske var också omvandlingen av minnesrundeln bara tänkt som en enstaka insats, ett ensamt rum i sitt slag. Dess läge var medvetet valt intill Wrangels sängkammare, (2:x) som ju var ett av slottets mest status-fyllda rum. Men vad gjorde att resterande rum i slottet kom att förny-as i en dittills helt omodern barockton, dessutom utökad i omfång och starkare i färg än vad som tidigare fanns på plats? Det visar en histori-serande vilja som egentligen bara hade utländska förelägg, främst i England och Frankrike. Till detta återkommer vi i ett senare avsnitt.

När vi nu försöker klargöra vad som sker åren efter 1830 och min-nesrummets tillkomst hjälper knappast gårdsräkenskaperna särskilt långt. De rör mest årligt underhåll av godset, sotningar av rökgångar m.m. Det kan dessutom ibland vara svårt att särskilja gamla stenhusets räkenskaper från slottets. Ibland nämns detta som arbeten utförda i inspektorsbyggnaden. 1832 års rätt stora virkesposter för fönsterbågar kan likaväl hänföra sig till stenhusets som slottets reparationer. De svarar sannolikt mot det rätt stora mängden torpardagsverken, nära 300, samma år.

Interiörerna målas om

Den kunskap vi i stället har att lita till i fortsättningen gäller de små och kryptiskt placerade anteckningar och signaturer som hantverkar-na lämnat efter sig, främst gäller detta de dekorationsmålare som till-kallades för slottets så småningom i stort sett totala ommålning av snickerier och väggytor. I mycket stora drag fördelades dessa insatser genom de följande åren våning för våning. Den omfattande upprust-ningen eller restaureringen som Magnus Brahe stakat ut, synbarligen vid 1830-talets mitt, genomfördes i det närmaste fullt ut under de föl-jande åren. Här nedan skall vi våningsvis följa arbetslagens flyttningar och deras resultat inom slottet. Ansvarig för de stora målningsarbeten som nu tar vid är dekorationsmålaren Gustaf Söderberg, målarmästare i Stockholm.

Målarmästare Söderberg och hans folk

Gustaf Erik Söderberg (1788–1853 eller 1854) gick i lära hos Per Emanuel Limnell, som både var ansluten till Stockholms målarskrå och professor i måleri vid Konstakademien. Söderberg var därefter gesäll hos dekorationsmålaren och tapettryckaren Carl Fredrik Torsselius; 1820 blev han mästare och redan 1825 hade han uppdrag att förbättra exteriörmålningen på Kina slott på Drottningholm. 1836 hade han arbete på kungliga slottet i Stockholm, nämligen att måla blå färg i en nisch bakom Sergels i gips gjutna skulptur av Axel Oxenstierna och Historien, som satts upp fyra år tidigare i östra valvet. Det var naturligtvis ett anspråkslöst uppdrag, men det är betecknande för Magnus Brahe att välja hantverkare och leverantörer som redan var verksamma på slottet i Stockholm.

Det är mycket troligt att Söderberg rekommenderats också av Limnell, vars namn vi ovan noterat redan vid omgestaltningen av minnesrundeln. De enda av Söderbergs arbeten som nämns i *Svenskt konstnärslexikon* berör just Skokloster där hans insatser något snålt preciseras till 1837 och till slottets översta våning. Denna datering går sannolikt tillbaka på en notis i Andréns avhandling, där han i sin tur stöder sig på en anteckning i rustmästare Isac Giers almanacka för maj månad 1837: »Den 12 reste målar Söderbergs folk härifrån, sedan di renoverat rummens målning.« Konstnärslexikonet nämner dessutom Söderberg som trolig upphovsman till just minnesrundelns omdaning. Det senare kan vi nu avskriva, möjligen kan han ha biträtt vid arbetet. Att det i övrigt inte bara gällt översta våningen utan faktiskt slottets tre övre våningar framgår av annan information.

Som målarmästare stod Söderberg utåt sett som ansvarig för arbetenas genomförande. I vilken utsträckning han även själv utfört vissa partier är svårt att säga. Troligen organiserade han mest den stab av anställda, vars namn vi finner angivna på undanskymda ställen i interiörerna och, märkligt nog, flera gånger också i slottets gästbok. Dessa källor redovisar åtta identifierade namn: F. Söderberg, E. Berggren, E. Walin, Selim (?) Engwall, A. Pettersson, C.E. Fröderström, Köhler

Hantverkarsignaturer och märken efter avstrukna penslar i oinredda salen.

Målaren C.E. Fröderströms stolta namnteckning den 12/8 1841 på dörren till vinden.

Söderbergs folk kunde måla ornament och marmorera, men figurteckning var kanske inte deras starka sida. Spiselns övre del i rummet Genève i gästrumsvåningen.

och Johansson. Det hade varit naturligt att anta att det varit Söderbergs gesäller och lärlingar som utfört arbetet. Går man till Målareämbetets protokoll och in- och utskrivningsböcker, förvarade i Nordiska museets arkiv, återfinns dock endast ett av namnen i den söderbergska stockholmsverkstaden, nämligen sonens, Fredrik Edward Söderbergs. Vi har också letat efter namnen bland Limnells elever på Konstakademien, men förgäves.

Vi står inför ytterligare ett problem vars lösning vi inte funnit. Söderbergs folk – var kom de ifrån, var hade de lärt yrket? De kunde ju måla även om man ser på takmålningarna att de inte var särskilt tränade i figurmåleri. Utan tvekan var åtminstone en av dem mästare på marmorering. Deras personliga uttrycksmedel växer efter hand till en egen läsart, fördelad över slottets stora ytor.

WRANGELVÅNINGENS PARADRUM

Först fram emot mitten av 1830-talet togs resten av Wrangelvåningen om hand för en genomgripande upprustning och då efter ett alldeles nytt program, som fullständigt skilde sig såväl estetiskt som innehållsligt från det som varit aktuellt för minnesrundeln. I stället blev identifieringen och samtidigt förstärkningen av rummens forna 1600-talskaraktär en avgörande utgångspunkt för fortsättningen. Rummen skulle både till väggar och tak förstärkas i sin barocka uttryckskraft och för den moderne besökaren bli upplevelsemässigt tydligare.

Sannolikt blev kungssalen (2:A) det första rummet i den stora plan som nu kom att ta vid. Vi har antagit att rummet fick nya gardiner så tidigt som 1835 (mera om detta i avsnittet Gardiner s. 132) då alla snickerierna rimligen bör ha varit färdigmålade. Eventuellt gäller detta även den blå väggfärgen som skymtar bakom dagens silverläder. När skulle salen annars ha fått sin blåa färg? Redan 1716 var den beklädd med gyllenläderstapeter och så beskrivs salen också av Nyreen 1761, men några sådana tapeter nämns inte av Rothlieb 1819. I varje fall finns den blå färgen återgiven i Billmarks litografi av salen omkring 1855, och den fanns som väggkulör fram till 1930-talet, då det nuvarande silverlädret togs fram ur slottets gömmor och sattes upp.

Dörr i kungssalen mot grevinnans förmak. Blomsterdekorationerna målades av Gustaf Söderberg och hans medhjälpare, sannolikt 1835.

Kungssalens väggar ströks med blå limfärg som ännu finns kvar under det i sen tid uppsatta silverlädret. Oljemålning av C.G. Holmgren 1913, Skokloster.

Men låt oss återgå till den plan som i efterhand tecknar sig som ytterst konsekvent genomförd med sin fortsättning i Wrangels sängkammare (2:x) och förmak (2:z). Vi saknar tyvärr exakt datum för sängkammarens omvandling, men i förmaket kan vi på spishöljet av trä läsa en svårtolkad signaturen, G de Leman (Lemoin?), och datum 10 maj 1837. Vi berörde inledningsvis att kungssalen sannolikt var färdigställd redan 1835, d.v.s i god tid före åsknatten i augusti 1837. Detta tillsammans med den tidigare citerade uppgiften i rustmästaren Isac Giers dagbok att målar Söderbergs folk avreste från slottet den 12 maj 1837 »sedan di renoverat rummens målning« gör det rimligt att anta att rummen utmed sjöfasaden i Wrangelvåningen stod klara – i varje fall vad målningsarbetena beträffar – före sommaren 1837. Andra signaturer låter sig också avläsas men inte tolkas, ex. LGD på såväl kungssalens spis som på spisen i grevinnans förmak (2:B).

Ny målningsteknik

Målningsarbeten påbörjades också i de båda rum som var avsedda till garderober (grå rummet 2:v och röda rummet 2:E) i bostadssviterna samt i grevinnans tornkabinett (2:D) men slutfördes aldrig. På dörrblad och dörrkarm i grå rummet ser vi fortfarande en påbörjad spack-

(Till vänster) Marmorering av spiseln i grevinnans sängkammare. Dess målning var färdig före sommaren 1837.
(Till höger) På dörren i grå rummet mot Wrangels sängkammaren har en helt ny målningsteknik med spackling praktiserats. Dörren målades aldrig färdig eftersom den hängdes för med vävda tapeter, se bild sid. 107.

elgrundning och ommålning av äldre målningsytor. Som en parantes kan nämnas att just grundning med kritspackel var en helt ny målningsteknik på 1830-talet. Grundningen gav ett, som man menade, bättre underlag för en slutstrykning med oljefärg. Denna målningsteknik genomfördes konsekvent i slottets samtliga renoverade rum och framträder bäst i ramstyckenas sammanfogningspunkter.

Rustmästare Giers använde i sin dagbokskommentar ordet »renovera«, väl i betydelsen förnya. Det är just så vi överallt möter själva förändringen, en förnyelse av det givna barockschemat, inte en anslutning till tidens normala formspråk, till senempirens eller den framväxande nyrokokons. Nygotiska inslag finner vi, som tidigare sagts, i minnesrundeln; i dess väggmåleri och fönsterspröjsning, för att inte tala om möblerna. Men vurmen för nygotiken eller bundenheten till nyantikens formvärld upphör abrupt i Skoklosters fall efter 1830-talets mitt. I stället utvecklar man en vältrimmad barockstil i sitt måleri, inte bara som en trivial förnyelse av en äldre målning, utan i hög grad en förstärkning, en dramatisering. Man väljer också en starkare, mer lysande kolorit än den ursprungliga. Därmed har man också

1800-talets stilvilja demonstreras på den fria sidan av kungssalens spisel, ett måleri av betydligt högre klass än mycket annat samtida dekorationsarbete i slottet.

genom sin skicklighet duperat 150 års stilhistoriska bedömning av resultatet. Materialen var limfärg och oljefärg. Av pietet undvek man att röra det konstmåleri som fanns infattat i spiselhöljenas mittpartier men gick med stor energi in för att förstärka omgivande ytors färgprakt.

Det nya måleriets kvalitet varierar i allra högsta grad. Jämför t.ex. den enkla målningen på snickerier, särskilt när det gäller ramverk och skulptur, med kungssalsspiselns fria kortsidas pannåer med deras grotesklika bladslingor och finlemmade kvinnoansikten. Här lyser verkligen 1800-talets stilvilja tydligt igenom. Är detta ett verk av Söderbergs »folk« eller har man, vilket vi snarare tror, anlitat någon mer i detta slags måleri förfaren mästare? De olika handlagen rimmar illa med varandra. Men vem målade då spissidornas fyllningar?

Analys av färgskikt

Att det här verkligen rör sig om 1830-talets måleri framgår även av gjorda pigmentanalyser av färgskikten. Dessa har visat att i kungssalen förekommer ämnet krom i de gröna partierna på såväl spiseln och listverken som på blomstuckaturen i fotpanelen. Också bättringar i färg-skiktet på själva målningen av stucktaket innehåller krom. Krom finns i pigmentet kromoxidgrönt; det uppträder tidigast under 1790-talet men blir vanligt först under 1830-talet. Nu är faktiskt inte det berömda stucktaket helt nymålat på 1830-talet, vilket i sig av helt andra grunder kunde ha varit naturligt, utan var tidigare målat i bjärta färger. Från 1761 (C.Nyreen) har vi uppgiften att taket var målat »med vacker colorit« och även 1819 (Rothlieb) beskrivs det som »målat i naturliga färger och med förgyllda lister«. Vad Söderbergs folk gjorde var att förbättra målningen där den sannolikt var förfallen. Samtidigt bättrades förgyllningen på stucklister, men på snickeriprofilerna användes slagmetall som är billigare än äkta guld. För övrigt sparades inte på förgyllning. Tidigare oförgyllda partier stod plötsligt glänsande, men det hände också att tidigare förgyllda delar målades grå eller i motsvarande snickeriers färgskala. Detta gällde i första hand spishöljena av trä.

Återskapande eller medvetet program?

Frågan måste ställas om hela det stora målningsprogram som så envetet tog upp en barocktradition i byggnaden verkligen kan ses som något annat än ett försök till återskapande av ett fräschare färgintryck än det som åldrats. Frågan är viktig då den berör problemet om en egen ny formvilja eller enbart en reproduktions- eller reparationsmässig inställning till miljön som helhet. Som vi i fortsättningen kommer att se är troheten gentemot det befintliga underlaget relativt fri. I första hand har det gällt att förstärka lyskraften av barocktid i slottet. Att kunskapen om dess formspråk finns hos de medverkande står helt klart, men hur medvetna var de egentligen om barockens specifika formvärld? Det måste ändå ha varit ett balansgång mellan kunskap och ambition. Rent självständiga insatser i hägnet av förebilder kommer till uttryck på många ställen. En omisskännlig ton av en ljusare empirefärgskala gör sig också gällande, och man märker en tydlig vilja att göra interiörerna fullständigare. Scenariot av stormaktstid skall ges full kraft att påverka de besökande. Sanningen relaterad till underlaget förefaller mindre väsentlig.

Snart sagt varje kvadratmeter väggyta, putsad eller panelad, i stort sett varje spishölje och dörrblad i slottet blev så småningom föremål

Också kungssalens tak med dess rika – även tidigare polykroma stuckaturer – bättrades.

för denna ofta relativt självsvåldiga barockimitationsglädje hos Söderbergs folk. Men hur förfor man med alla tavlor och möbler, skickade runt i den stora rangerbangård som slottet måste ha liknat under dessa omstöpande år?

Vi skall i detta sammanhang inte heller glömma det självklara i att detta skedde vid en tid innan kameran fanns som dokumentationshjälp. Personliga anteckningar om form och färgfördelning fick utgöra minnet av det man just spacklat över eller grundat upp för slutstrykning. Tyvärr finns inga spår av sådana minnesanteckningar bevarade.

Behov av förnyelse

Den miljö som under 1830- och 40-talet skulle tas om hand var sannolikt av skiftande kvalitet och färdigställd i mycket olika grad. Wrangeltidens närmast nakna rum med stucktak, spiselhöljen, stengolv och ockrafärgade dörrar och nakna, foderlösa karmar gjordes till en början beboeliga enbart genom vävda tapeter på väggarna och möbler av varierande slag. Dessa rum kompletterades som vi tidigare sett under det tidiga 1700-talet med panelningar och foder men också med extra dörrar, karmar och trösklar. Det är möjligt att detta skedde etappvis och att resultatet i någon mån blivit ett lappverk: foder och paneler som i första fasen målats i tunga färger kom att stå mot senare målade dörrar i en enhetlig ljust grå ton. Denna miljö hade säkert åldrats och förfallit fram till 1830-talet.

Som ett led i upprustningen av den fasta inredningen kan nämnas att nya trägolv lades in i stället för de forna stengolven i bl.a. Wrangelvåningens s.k. garderober (2:v och 2:E). En jämförelse med Rothliebs beskrivning av slottet 1819 visar att golven då var av sten.

BRAHEVÅNINGENS PRIVATA RUM

Den penselförande hand som vi sett i Wrangelvåningen känner vi igen också i Brahevåningens olika rum, våningen på samma plan som riktar sig mot väster och parken. Från början var den avsedd som den förnämsta gästrumssviten med sin påkostade paradsängkammare (2:N), avsedd för furstliga eller kungliga besök. Under Brahetiden blev den,

*Stora delar av tidigare
förgyllning på Brahe-
matsalens spisel målades
över med grått. På andra
ställen blev tidigare
målning förgylld.*

kanske gäller det främst 1800- och 1900-talen, ägarfamiljens privata
våning. Resten av slottet stod sannolikt som ett museum över Wrang-
el alltsedan tidigt 1700-tal.

Vi har tidigare berört Brahematsalens (2:O) räknade gyllenläders-
fält och ombyggda bröstpanel. 1700-talets fönsterarbeten känner vi
också, men därefter tappar vi spåret. Det är svårt att finna konkreta
bevis för när denna våning togs om hand av Söderbergs »folk«. Det är
dock sannolikt att det skedde under 1838. Detta är en gissning som
grundar sig på att det måste ha varit naturligt att göra rummen färdiga
före korridoren som i sin helhet ommålades och var färdig först hös-
ten 1839. Sannolikt var korridoren i detta våningsplan den närmast
tillgängliga evakueringsytan för inventarierna då rummen färdigställ-
des. Ett annat om än något oklart bevis är att den blå möbeln som
gjorts för blå rummet (2:R) är signerad och daterad 1839. Rimligen
borde rummets vägginredning och färghållning ha varit åtgärdad året
innan.

På samma sätt som i Wrangelvåningen målas samtliga snickerier,
spisar, paneler och fönsterluckor om. Det gula rummet (2:P) innanför
matsalen känns dock mer åtgärdat än de övriga med en målningstek-
nik med något grövre konturer. Bakom nordväggens vävda tapeter i de
igenmurade fönsternischerna finner man rester av 1600-talets (möjli-
gen det tidiga 1700-talets) nischmålerier som i sin bleka kulör med en
blå bottenton sannolikt var utgångspunkten för 1830-talets långt
kraftfullare blåton i bröstningspanelerna.

Kanske visar sig här vid en fortsatt närmare granskning av interiö-
ren såväl signaturer som dateringar. Någonstans borde en stolt måla-
re ha givit ett tecken ifrån sig.

Ett annat rum i Brahevåningen som målades flera år senare i samband med att gästrumsvåningen ställdes i ordning var den s.k. Wrangelska barnkammaren (2:H). Arbetet är belagt i en räkning av Gustaf Söderberg 1842 där han kallar rummet Pigkammaren. Här hade en vägg, 13 alnar lång och 3 3/4 alnar hög av trä, en s.k. cloasonvägg, byggts upp mellan yttervägg och rummets korridorvägg. Den pappspändes och målades i ljusgrå färg. I övrigt målades paneler, fönster, fönsterluckor liksom taket. Från detta skede finns utförliga räkningar och Söderberg räknar upp alla s.k. ornamenter som hans hantverkare utfört. Dock anger han att spisen är enbart bättrad.

I detta sammanhang kan nämnas att två smärre paneler som satts upp omålade i Wrangelvåningen 1837 finns upptagna i målarräkning-

Slottets förnämsta gästrum, alkoven, ligger i Brahevåningen. Här sattes ett magnifikt äldre gyllenläder upp och ersatte en blå brokatell.

en från 1842. Det är den panel som finns i grevinnans sängkammares (2:c) södra vägg, där man målat och med metallguld (slagmetall) förgyllt 6 st ornamenter. Den andra panelen finns i gröna sängkammaren (2:к) i Brahevåningen på den avdelade väggen mot långkammaren (2:j).

Första våningens korridor

Om Wrangelvåningens viktigaste rum var klara till sommaren 1837 och Brahevåningen till sommaren eller hösten 1838 (fast rummen inte fick sin textila utrustning förrän några år senare), kom arbetena under våren och sommaren 1839 att koncentreras till första våningens korridorer. Vi avläser ett slutdatum som gäller ommålningen av hela korridoren, vilket står tydligt skrivet bakom kejsarporträttet av Galba i korridorens sydvästligaste hörn. Där står: »Dena Corridor är ommålad 18 18/9 39« och därpå följer namnen på de medverkande: F. Söderberg, E. Berggren och E. Walin. Samma plats hade också tidigare används för meddelanden från målare. Där står t.ex. »Matta ben med sten 1705«, vilket torde anspela på arbetet med korridorens stenläggning, samt det mer svårtydda: »Här äro fåvitska Jungfrur fem, Hur Djävulen anfäktade dem 1795.«

Samtliga kejsarporträtt ommålades och fler av hantverkarnas kommentarer döljer sig bakom de sköldar på vilka porträtten är målade. Vad sägs om följande: »Inspektor Hagdahl (dåvarande uppsyningsman för godsets jordbruk) är en människoätare i en dyr tid, må fan ta honom« eller bakom ett annat kejsarporträtt: »Cesar XV minst«. Ser man närmare på porträttet av »Caesar XIV« finner man en näsa som knappast liknar någon annan än Karl XIV Johans.

Korridoren med sin nya målning bildar bakgrund till en scen från 1600-talet i C.J. Billmarks historiserande färglitografi från 1860-talet.

Korridoren på första våningen målades sommaren 1839.

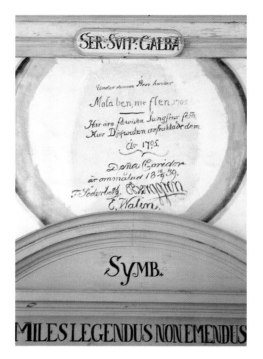

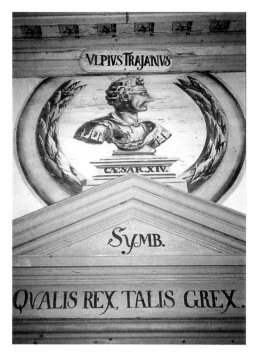

»Dena Corridor är ommålad 18 18/9 39«.
är ett av flera meddelanden till eftervärlden
dolda bakom kejsar Galbas porträtt i första
våningens korridor.

Caesar XIV har försetts med en kraftig näsa inte
olik Karl Johans.

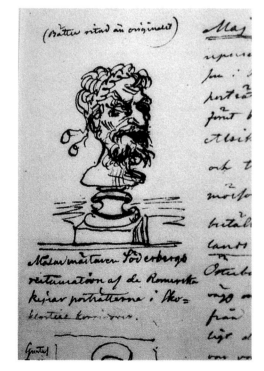

»Bättre ritad än origi-
nalet« skrev arkitekten
F.W. Scholander i sin
dagbok över teckningen av
ett av målarmästare
Söderbergs romerska
kejsarporträtt. Scholander
besökte Skokloster den 28
maj 1851 på bröllopsresa.

Scholander på bröllopsresa

Att Gustaf Söderberg var känd av sin samtid – om än inte kanske så uppskattad – framgår av Fredrik Wilhelm Scholanders kommentarer, gjorda i samband med dennes bröllopsresa i häst och vagn 1851, då bl.a. Skoklosters slott besöktes. I det charmigt marginalillustrerade manuskriptet finns en avtecknad romersk kejsare med notisen »Målarmästaren Söderbergs restauration af de Romerske kejsarporträttene i Skoklosters korridorer«. Om sin egen inte alltför vänliga avbildning skriver han lakoniskt: »bättre ritad än originalet«. Orsaken till Scholanders besök på Skokloster gällde dock inte den nyss avslutade restaureringen utan en besiktning av grunden till Brahemonumentet i parken, till vilket Scholander med stor säkerhet gjort ritningarna.

Dateringar i putsen

Inte bara den övertydliga signeringen av korridorernas ommålning anger våren och sommaren 1839 som tidpunkten för utförandet. I väggarnas gamla putsyta kan man utanför kungssalens norra dörr mot korridoren under det nya vita kalkfärgskiktet tydligt se en ristning med årtalet 1835 och på det nya vita färgskiktet en blyertssignatur av en besökare, »C. Lud. Blm 1841 20/7«. Någon gång i tiden däremellan bör ommålningen således ha skett, vilket stämmer väl med uppgiften om sommaren 1839. Märkligt nog, sett ur social synvinkel, finns namnen på de tre hantverkarna, Söderberg, Berggren och Walin skrivna med rustmästare Giers hand i slottets gästbok med datum 8 augusti 1839. Det är dessutom tänkvärt att en dryg månad senare, den 23 september, var Per Emanuel Limnell själv på plats. Limnell hade ju varit Gustaf Söderbergs mästare och sannolikt förmedlare av arbetsuppgiften. Gällde nu Limnells besök en slutbesiktning? Var i så fall Limnell huvudansvarig för hela företaget? Var det hans intention eller konception som låg bakom det sätt på vilket rummen målades om alltifrån tornrundeln kring 1830 och framåt?

Sentenserna målas om

Även sentenserna på korridorens bröstningar som tillkommit under 1700-talets första decennier målades helt och hållet om. Att all stavning därvid inte blev alldeles rätt är närmast naturligt, det kan vi idag överse med. J.A. Kjellman-Göranson antecknar i sin beskrivning av

*Tänkespråken i både första och andra våningens korridorer målades om. Texten dispo-
nerades på annat sätt och bottenfärgen ändrades från grått till ljusblått. Tänkespråk i första
våningens korridor.*

*På flera ställes syns den gamla texten under den nya. Texten lyder i sin helhet: En voyages il n'y a
point d'ami plus sûr qu'un chien fidèle et une grande prudence (på resor finns ingen bättre
följeslagare än en trogen hund och stor försiktighet), tänkespråk i andra våningens korridor.*

slottet från 1860 beträffande sentensen »Nulla tam crudelis est…« att »en i latin okunnig målare förvridit« den ursprungliga texten. Det gällde ju såväl latinska, som italienska, spanska, franska och svenska citat. Viktigare var i stället den omdisponering av bröstningsfältens yta som blev resultatet. Härvidlag kom en del texter i annan ordning, en och annan föll dessutom bort och ersattes med andra citat, vilket man ser vid en jämförelse med Nyreens och Rothliebs ambitiösa förteckningar från år 1761, resp, 1819.

Sentenserna hade före ommålningen varit utförda i svart skrift på grå botten, insatta i tydliga fält begränsade av svarta beskuggade linjer på putsytan föreställande en bröstningspanel mellan panelens krönlist och dess sockelparti. Här och var kan man under den nuvarande målningen skönja den äldre pikturen och textens disposition. Den hade inte en centrerad uppställning som idag utan en jämn vänstermarginal om textens längd överskred en rad. Dessutom utbyttes 1839 den ljusgrå bottenfärgen mot en ljusblå ton och bokstäverna fick en modernare utformning. Den nya målningen förefaller vara utförd i olja, vilket också kommenteras i bevarade räkningar för våningen ovanför, där samma teknik utvecklats.

Att det inte var första gången som korridoren målades om vet vi från räkenskaper från 1700-talet. Från en i början svartmålad fast snickeriinredning, vilken man ser tydliga spår av på ställen där färgen flagnat, bäst utanför grevinnans förmak, byttes korridorens kulör till grått redan under 1700-talet, troligen vid dess mitt, och sannolikt i anslutning till vissa fönsterbyten.

1839 års målning höll fast vid denna färgton, men gjorde den något ljusare. Troligen tillkom då också de brädaktiga pilastrarna och de på putsen utförda fältindelningarna i grått.

När det gäller korridorens tak kan vi endast hänvisa till iakttagelser vid färgfästningen under restaureringen 1970. Konservatorn uppfattade då ett äldre färgskikt under det nuvarande och med en helt annan mönstersort. Förhåller det sig så är det nuvarande och väl så barockinkännande måleriet ett märkligt och kraftfullt prov på ett nytt barocktänkande redan 1839! Detta understryker ytterligare allvaret i 1830talets mycket medvetna satsning på Skokloster som ett pedagogiskt planerat exempel på viljan att återgå till och förtydliga svensk stormaktstid.

Väl framme vid de följande årens arbeten vet vi något bättre besked. De gällde rumssviten två trappor upp i gästrumsvåningens östra del. Här finns såväl dateringar som hantverkarsignaturer på flera ställen. Dateringarna rör både rumssviten som målades 1840 och korridoren som färdigställdes 1841–42. När det gäller gästrummssviten noterar vi att man först lagt ett tunt gipsskikt på väggytorna innan nymålning skett, antagligen för att skapa en slätare yta och ge ett mer exakt och modernare intryck än vad den ojämnare 1600-talsputsen erbjöd.

Stolt har målaren A. Pettersson signerat sitt arbete på ett undanskymt ställe, nämligen inne i spisen i rummet Paris (3:z):»Intill Maij, A. Pettersson Målat Desse Rum 1840.« Att arbetena utförts under senvintern och våren framgår även av att samme A. Pettersson signerat takmålningarna i Antwerpen (3:c) den 13 mars 1840.

En ny färghållning

Målningsarbetena i gästrumssviten omfattade såväl väggar som tak och spisar. Naturligtvis fortsätter man den inslagna vägen att förtydliga barockens formvärld, i synnerhet i takytorna och på spisarna. Färgskalan är kraftig och definitiv. Hur nära man följt tidigare mönstervärld är svårt att säga. Liksom på många andra ställen frångick man säkert en alltför nära repetition och målarens egen vilja tog över. Således kan man på de skulpterade akantusornamenten över spisöppningen i Genève (3:A) skönja förgyllning under nuvarande grå färg. Vi vet inte ens med säkerhet hur mycket som varit målat tidigare. Andrén nämner med ledning av räkenskaperna att vissa spisar, t.ex. den i Genève, målats på 1600-talet, men han har inga arkivaliska

Signatur inne i spiseln i rummet Paris. »Intill Maij, A. Pettersson Målat Desse Rum 1840.

*Väggarna i gästrumsvåningens rum målades 1840 med limfärg i senempirens höga
och växlande färgskala.*

Takets barockprakt i rummet Paris i gästrumsvåningen är från 1840.

Marmoreringsmålning av hög klass på spiseln i rummet Middelburg i gästrumsvåningen 1840.

belägg för att också taken målades i dessa rum. Att så ändå varit fallet visar Rothliebs kommentarer från 1819 om grant målade trätak i rummen från Antwerpen t.o.m. Paris (3:c, 3:b, 3:a, 3:z). Dock undviker Rothlieb av okänd anledning att kommentera taken i Tours (3:x) och Florens (3:v). En kommande byggnadsarkeologisk undersökning kan naturligtvis ge svar på om dessa tak tidigare varit målade eller om de är helt nykomponerade.

Ser man kritiskt på arbetena finner man att A. Pettersson nog var mer begåvad när det gällde ornamentiken än när det gäller avbildning av människokroppen. Särskilt slås man av de minst sagt gurkliknande benen och armarna på figurerna i taket i Genève. Däremot måste man beundra skickligheten i konsten att marmorera, se t.ex. spisen i Middelburg (3:e). Den är av hög klass!

Om barockidealet renodlades i tak och spisar är det snarare empirens färgskala och kulörväxlingar som karakteriserar väggarna. Från Middelburg räknat valde man ett samspel av färger i de olika rummen från grönblått över kornblått, aprikos, ljusgrönt, till kornblått igen och slutligen ljusockra. Väggarna målades med limfärg, medan tak och spisar målades med oljefärg. Under 1930-talet målades fem av rummen om, nämligen Magdeburg, Antwerpenrundeln, Tours, Florens och delar av Middelburg, men under den nya grå färgen skymtade 1840 års färgskala fram. Under 1993–94 togs 1840-talets höga väggfärger fram på nytt i flera rum och resultatet pekar mot en intressant fortsättning.

Gästrumsvåningens korridor

Så beskriver Rothlieb korridoren i sin vägledning: »Taket utan målningar eller ornamenter«. Detta gällde alltså 1819. Nu kom även detta tak att dekoreras med luftiga moln och blå himmelsflikar inom ett målat trompe l'œil ramverk. Den 21 april 1841, alltså ett år senare än gästrummen signerade C. E. Fröderström sitt verk över dörren till Paris.

Sentenserna och övrig målning utfördes först under sommaren 1842 och då har vi för första gången belägg i form av bevarade räkningar undertecknade av Gustaf Söderberg och förvarade i Magnus Brahes dödsboräkningar på Rydboholm. Räkningen är daterad Stockholm den 30 nov. 1842 och omfattar även översta våningens biblio-

Gästrumsvåningens korridor målades 1841 av C.E. Fröderström. I fonden höga döbattanger mot oinredda salen.

teksrum. Här beskrivs tacksamt nog i detalj alla utförda arbeten, även kulörer och färgtyper.

Märkligt nog upptar C. Nyreen i sin beskrivning 1761 bara sex sentenser i gästrumkorridoren. Rothlieb tar 1819 upp tio sentenser på korridorens insida och Kjellman-Göranson återger hela 71 stycken 1860. Nu, då varje möjlig plats under bröstningslisten är bemålad, finns 73 tänkespråk, alla ordentligt numrerade med små blyertssiffror i överkanten. Men Söderbergs räkning lyder: »i Coridon 2 Trappor upp, alla ifyllningarna på panelen 2 ggr str(ykning) ljusblå Oljefärg, och skrifvit med svart Oljefärg. Inskriptioner på 99 fyllningar à 8 Skilling.« Hur ska vi tolka detta? För det första är det tydligt att Söderberg räknat fel på antalet tänkespråk eller hur man nu ska formulera det. Men har de tidigare beskrivarna med ett mindre antal sentenser slarvat eller har nya sentenser kontinuerligt tillfogats? På många ställen skymtar gamla tänkespråk under de nuvarande, men inte överallt. De nymålade tänkespråken är, liksom på våningen under, centrerade, de äldre har fast vänstermariginal. De utländska språken, särskilt engelskan är ofta felstavad. Ibland har ett tänkespråk ersatts med ett annat. Rothlieb uppger t.ex. sentensen: »Peccatum simile, pænaque talis fuit« (sådant brott, sådant straff) och hos Kjellman-Göranson heter det: »Tugend siegt im Leiden« (Dygden segrar i lidandet). Att det rör sig om samma plats är helt säkert; den äldre texten skymtar under den nyare. Vem som valt ut sentenserna och varifrån de är hämtade vet vi ännu ingenting om. Arne Losman menar i *Ord på väggen* att de till stor del tillkommit på 1800-talet. Har vi då Magnus Fredrik eller Magnus Brahe själv som programskrivare? Eller vem annan? Frågan står öppen.

Kring oinredda salen

Resten av gästrumsvåningen, d.v.s oinredda salen (3:N) och rummen på ömse sidor om den, hade inte målats på 1600-talet och målades inte heller nu. Ett undantag finns. Det gäller Brüssel (3:R), som vid denna tid delas upp i två rum med en enkel cloasonvägg, 14 alnar lång och 4 alnar hög, från fönstersidan in mot rummets inre vägg. Den pappspändes och den östra delen av väggen målades i ljusgul limfärg av Söderbergs hantverkare 1842. Märken efter väggen syns fortfarande i golvpanelen. Rummet kallas av Söderberg för Betjäntrummet.

Oinredda salen, ursprungligen menad att bli slottets festsal och verkliga praktrum, stod halvfärdig vid Wrangels död 1676. Magnus Fredrik Brahe planerade i tidigt 1800-tal att göra salen till ett stort biblioteksrum. Under 1830- och 40-talen utnyttjades den till målarverkstad. Som den nu står är den i sitt ofullbordade skick ett av slottets märkligaste rum.

Uppenbarligen utnyttjades den stora oinredda salen som målar-
verkstad under de här åren och naturligt var väl det. Här finner vi på
väggarna spår av utstrykning av färg i penslarna, kulörer som stämmer
väl med rummens färgschema och som extra bevis några av hantver-
karnas namn kladdigt målade på väggen: Köhler, Johansson.

En gång hade Magnus Fredrik Brahe, enlig vad Rothlieb berättar
1819, tänkt sig att här ordna en av Sveriges största boksalar. Men dess-
bätte blev det inte så. De magnifika boksamlingarna fick fortsätt-
ningsvis sin plats i översta våningen. Och den stora salen står ännu
ofullbordad, ett teknikhistoriskt fullständigt unikt exempel på hur en
byggplats kunde te sig på 1600-talet och som sådan ett av slottets vik-
tigaste rum.

Dörrarna till oinredda salen från korridoren bör av profilbildning-
en att döma ha varit nytillverkade i tidigt 1800-tal. De är höga, breda
döbattanger med empirebeslag. Målningen blev aldrig färdig, endast
den typiska spackelstrykningen över ramverkets knutpunkter kom till
stånd. 1761 vet vi att den norra korridoren avslutades med den stora
tavlan av Wrangel till häst, placerad mitt för dörröppningen till oin-
redda salen, sannolikt med en enkel brädvägg i dörröppningen.

Några år senare, 1850, målades tak, väggar och snickerier i Rotter-
dam (3:H) av målarna C. Th. Grahn och J. E. Nordgren, vilket står
antecknat högst uppe på den östra väggen i rummet. Här känner vi
inte igen målningssorten eller handlaget från A. Pettersson och hans
medhjälpare. Här möter vi en tyngre kolorit och dessutom en orna-
mentik i taket som känns stilmässigt ålderdomligare än i alla andra tak
i slottet. Var förelägget i stort detsamma med en mönstervärld av djur
och blommor, ett prov som enligt Erik Andréns antagande inte föll i
smaken?

Det är intressant att jämföra gästbokens namnteckningar med vad
vi vet om arbetets gång. Den 16 juli 1841 förekommer C. E. Fröder-
ström/L. F. Boman. Den 5 sept. samma år dyker G. Söderbergs namn
upp, sannolikt som kontollant av arbetenas utförande.

Utöver de här anförda målningsarbetena under 1841 och 1842 revs
de gamla yttertrapporna av trä och ersattes av de nuvarande av granit
och kalksten. I slottet finns en ritning, signerad Edberg 1841, över de
nya trappornas utformning och på dess baksida står att de är »uplagde
1841 och 1842«. Sannolikt biträdde godsets dagsverkstorpare med
handräckning.

Rom är det största rummet i biblioteksvåningen som i sin helhet målades om 1842. Bokskåpen målades först 1844, men var tillverkade betydligt tidigare.

BIBLIOTEKSVÅNINGEN

Målningsarbetena framskrider

Under samma år, 1842, nådde man med sina arbeten även upp till den översta våningen. Där fanns, och finns fortfarande, det bibliotek vilket man, som tidigare nämnts, en gång planerat att inhysa i den oinredda salen. Också för dessa arbeten flödar Söderbergs räkningar med minsta detalj av målningsarbete noterad: antal »Streck« på takbjälkar, antal blommor eller ornament och dess kulörer nogsamt angivna och dessutom om målningen är utförd i oljefärg eller limfärg. Idag ter sig Söderbergs målning ytterst homogen och har säkert berört varje kvadrataln av ytskikten på både väggar och tak.

Vi vet genom byggnadsarkeologiska studier att taken i biblioteksvåningen varit målade tidigare men då i en ofta avvikande mönstervärld där akantusliknande slingor utgjort huvudmotiv. Väggarnas motiv, däremot, återskapades nu i görlig mån efter befintliga förebilder med målade kolonner, postament och bröstningspaneler samt en fris på väggens övre del.

Den lilla ugglan i taket på rummet Nantes är ett av de motiv som kopierades efter Sven Nilssons Illumi-
nerade figurer till Skandinaviens Fauna (1832). Detta praktverk som finns i slottets bibliotek har fått
målarstänk i takets färger som minne av den hårdhänta hanteringen.

Söderbergs räkning är här så detaljerad att vi kan välja ett utsnitt, t.ex. för rummet Nantes (4:z) för att beskriva måningsarbetenas omfattning:

No 5. rummet därnäst. Taket 2 ggr struket hvit Limfärg 160 kv. aln.	à 1.8	5.26. 8
hela Taket måladt med ornamenter i Gips, Landskap, foglar, Hjortar m.m.		50.- . -
50 alnar bred Taklist, med flera Kjelningar och Blommor	à 16	16.32.-
Väggarna 2 ggr strukna, ljusgrön Limfärg 88 kv. aln.	à 4	7.16.-
20 st Colonner målade som i de föregående Rummen (med Capiteler och Baser)	à 32	13.16.-
Paneln och 2 fensternisher 2 ggr struket, ljus limfärg 86 kv. aln.	à 2	3.28.-
Paneln under fensterna ånyo målad oljefärg 14 kv. aln.	à 14	4. 4.-
3 Dörrsidor med karm 2 ggr strukit, Apricou 26 kv. aln.	à 8	4.16.-

Taket i rummet Nantes dekorerades med »Landskap, foglar, Hjortar m.m.« Här är Skoklosters slott infogat mellan två bärande bjälkar.

På väggen i rummet Köln ser man 1600-talets motiv skymta under målningen från 1842.

Intressant är att kommentera just beskrivningen av motiven i takmålningarna och priset för just rummet Nantes, 50 Rdr Bco, som var den största enskilda posten av alla målningsarbetena på detta våningsplan. Jämför med kostnaden 15 rdr för exempelvis taket i Köln (4:B) med sina skiftande men relativt enkla landskapsscenerier. I Nantes måste lagets dyraste man, kanske mäster själv, varit verksam.

»Foglar, Hjortar m.m.«

Söderberg uppgav i sin räkning att han hade utfört takmålningar, »foglar, Hjortar m.m.« i rummet Nantes. Sammanlagt finns arton sådana målningar. Av dem föreställer tio fåglar och åtta däggdjur; någon hjort finns dock inte. Förlagorna är hämtade ur ett av den svenska vetenskapliga litteraturens skönaste verk, zoologen och arkeologen Sven Nilssons *Illuminerade figurer till Skandinaviens fauna*, vars första band utkom i Lund 1832. Det följdes av ett andra band 1840. Flertalet av de tvåhundra handkolorerade litografierna är utförda av Magnus Körner.

Båda banden finns i Yngre Brahebiblioteket på Skokloster. Färgstänk och repor i pärmen visar att de använts när taket i Nantes dekorerades. De båda volymerna överlämnades enligt Nilssons dedikation

Takmålningarna i biblioteksrummen Bremen, Neapel och Stockholm har samma motiv, radvisa ströblommor, växlande i blått och rött och med färgmarkering av bjälkarnas kanter. Detta är taket i Stockholm.

till Magnus Brahe i Stockholm 1840. Hösten samma år besökte Sven Nilsson Skokloster. Han hade några år tidigare fått kungligt stöd, när han kunde dryga ut sin professorslön i Lund med ett prästämbete och han räknade Brahe som en av sina välgörare. Sven Nilsson överlämnade 1842 gåvor till Skoklosters samlingar, ett par mynt och en ljusstake, som ansågs ha tillhört Karl XII. Han kallade då Skokloster »detta märkvärdiga museum – utan all jämförelse i sitt slag det märkvärdigaste och dyrbaraste inom Sveriges gränser.«

Låt oss efter denna utvikning, med vilken Arne Losman bidragit, återvända till biblioteksrummen, vars ytskikt inte var i bästa skick. Trasiga, knappt sammanhängande målade motiv måste ha varit utgångspunkten och där ytskikten varit alltför sköra har man helt säkert sopat ner dem med en borste och därpå lagt ett nytt målningsskikt. Att då exakt återberätta den gamla bilden blir svårt. Vi har tidigare berört att detta måste ha skett endast med hjälp av skisser och minnesanteckningar. När Söderberg skriver »i likhet med förutvarande« är variationerna högst betänkliga: en kolonn här, kanske en meter vid sidan om sitt forna läge och koloriten en annan, en kotte upp- och nervänd jämfört med det skönjbara originalet. Men detta är högst naturligt sett utifrån hantverkarnas möjligheter. Märkligare än väggarnas repetition är ändå taken. De utgör ofta en nygestaltning, motiviskt såväl som arkitektoniskt. Prov på originalmåleri finns framtaget i Köln, där man skymtar ett barockmåleri uppbyggt kring en ornamentik med svällande egenartade blommor. I det nya måleriet tog här som i andra rum ofta den egna fantasien överhand med nya mönster och bilder, repeterade eller nyskapade.

I målningsarbetet 1842 ingick alla biblioteksrummen från Stockholm (4:c) t.o.m. Bremen (4:v) men även det avsides liggande Venedig (4:e), som Söderberg i sin räkning beskriver: »…måladt aldeles lika med Rummet N:o 2 «, nämligen Stockholm.

Nya dörrar

I detta sammanhang bör vi också ta del av Rothliebs beskrivning av biblioteksvåningen (1819). Han skriver t.ex. att rummet Rom (4:a) har tre dörrar, vilket gör situationen extra intressant. Söderberg målade dessa tre dörrsidor med karmar 1842. Tidigare bör inte biblioteksrummen Köln, Rom, Nantes och Neapel (4:b, 4:a, 4:z, 4:x) ha varit

(Till vänster) 1600-talets måleri framtaget på en liten bit av taket i rummet Köln. Det visar att man vid ommålningen försökte följa de äldre motivens karaktär, men slutresultatet blev en egen form- och färgvärld.

(Till höger) När hantverkarna skulle måla rummet Bremen 1842 flyttade de inte på de stora skåp som dolde Christoffer Rambergs väggdekorationer från 1670-talet. Det nya måleriet har tagit upp samma motiv men i annan målningsteknik och i senempirens höga färgskala.

förenade med dörrar utan vart och ett hade ingång endast från korridoren. Kommentaren visar att här har en omfattande reparation genomförts före 1819. När dessa dörröppningar tillkommit är okänt, men av dörrkonstruktionen och beslagning att döma bör det ha skett under 1700-talets slut eller omkring 1800. I Carl Nyreens beskrivning av slottet 1761 läser vi att biblioteksrummen då var tre till antalet, sannolikt Köln, Rom och Nantes, då Stockholm hade en stor mängd tavlor, kartor och »palatsritningar«, medan Neapel och Bremen innehöll resp. Billings och Bielkes rustkammare. Sammanfogningen av de tre rummen med nya dörrar bör så småningom ha känts lika naturlig som nödvändig. Den bör ha genomförts under Magnus Fredrik Brahes tid. Carl Nyreen säger också att i bottenvåningen finns tre förseglade rum som innehåller 15 000 böcker m.m. Det var alltså här Salstabiblioteket förvarades, den boksamling som kom till Skokloster 1755 och blev den främsta orsaken till att bibliotekets yta och hyllmängd måste ökas. De många nya, stora bokskåpen blev svaret på detta behov.

Vi återvänder till den rumsmiljö som Söderbergs folk fick ta om hand 1842. Säkert var den ganska sönderslagen. Möjligen hade också rummens spisar rivits under samma period. Den grova putsen med vilken man lagat ut kring de nya dörrhålen och spisarna stod sannolikt ännu omålad till dess hantverkarna under 1842 målade väggarna och slutligen försåg dörrarna med »Apricou« kulör.

Dessa rum blev således färdigställda före 1842 års utgång. Söderbergs räkning avslutas en 30 nov. 1842 och utgör totalt en summa av 871 Rdr Bco. Betalningen skulle dröja; den levereras med 50 Rdr i månaden fram till december 1844, några månader efter Magnus Brahes frånfälle då dödsboet betalade ut resterande belopp. Därför har till all lycka detta viktiga dokument ingått i dödsboets räkenskaper och således bevarats.

Hur ska vi då karakterisera biblioteksrummens omgestaltning? Väggarnas nymålning kan vi bäst jämföra med den gamla målningen i Bremen, där två skåp uppenbarligen var för stora och svåra att flytta och där väggytan bakom lämnades orörd av Söderbergs hantverkare. Där framträder 1670-talets väggdekor, målad av Christoffer Ramberg i en kärv och dov kolorit. Liksom i gästrumssviten har barockambitionen i det nya måleriet färgmässigt fått ge vika för en mer empiremässig ton, blond och lysande. Men motivmässigt är det fortfarande ett återgivande av barockens formvärld med draperimålning, kolonner och festonger av tunga frukter.

Den Wrangelska rustkammaren (4:к) med sin träpanel lämnades utanför programmet liksom den Brahe-Bielkeska (4:р) med sina putsade och målade väggar i våningens nordvästra del. Där kan vi, utöver de lämnade fragmenten i Bremen, studera Rambergs helt intakta måleri. Visst finns det en temperaturskillnad mellan de olika tidsskedenas sätt att måla. Dock kan Söderbergs hantverkare väl mäta sig med 1600-talets, den slutsatsen hävdar vi bestämt. Frånsett oinredda salen med sidoliggande rum samt bottenvåningen, vad vi vet, är de två rustkamrarna och Rambergs väggparti i Bremen faktiskt de enda ytor i hela slottet som inte berördes av 1830–40-talets restaurering.

Våningens korridor genomgick samma genomgripande ommålning som biblioteksrummen. Den försågs med draperimålning men inte med en övre fris. Takbjälkarnas kanter målades med en serie olika ljusa kulörer inom smala svarta kantlinjer; rött, grönt, blått och ockra växlar från kant till kant i en spännande färgrytm.

Av signaturer, som så flitigt fanns på plats i gästrumsvåningen, har endast en enda stått att finna, nämligen namnet Köhler, insnirklat i ett hörn av takytan i rummet Stockholm.

1844 års arbeten

Här, vid 1842 års summerade arbeten, kan vi alltså se vidden av nära tre våningsplans nästan totala omgestaltning. Uppenbarligen föll målningen av fönsternischerna i biblioteksvåningen 1842 inte väl ut, antingen tekniskt sett eller av annan orsak. Sommaren 1844 kom de nämligen att nästan konsekvent målas om. Nischerna blev »fernissdränkta och spacklade och 3 ggr strukna med ljus oljefärg«, för att citera räkningen.

I Söderbergs räkning för år 1844 berörs framför allt mängden av bokskåp som befolkar biblioteksrummen. Här ställs vi inför ett ytterst delikat problem. Alldeles uppenbart målas dessa bokskåp minst två år efter färdigställandet av de rum de står i, och helt tydligt har också målningen av dessa skåp »färgat« av sig på den nya takmålningen. Målningen av skåpen är mycket detaljerat beskriven av Söderberg och stämmer till alla delar med den befintliga. Ett exempel från rummet Stockholm lyder:

> 8 st. stora bokhyllor utanpå kittade och 3 ggr strukna och ådrade likt Ek utanpå samt fernissade och inuti alla hyllor å båda sidor samt sidorna inuti kittadt och 3 ggr strukna ljus oljefärg. Ramstyckena på 16 dörrar 3 ggr strukna och ådrade som Ek gallerna och ådrade Keijsergrön oljefärg.

Takytorna har inte kunnat målas med bokhyllorna på plats – det ter sig helt klart som en omöjlighet. Ändå står böckerna uppställda på sin nya plats i samma ordning och på samma hyllor som uppges i bibliotekskataloger som upprättats före 1823, vilket vänligen meddelats av Arne Losman. Hur kan detta då vara möjligt? Hyllorna och böckerna måste ändå under arbetets utförande har varit nedmonterade och flyttade till annan plats. Stod möjligen hyllorna färdiggjorda men omålade och fyllda med böcker redan under Magnus Fredrik Brahes tid, och evakuerades under 1842 års arbeten, och i så fall till vilket utrymme?

Att böcker och manuskript redan tidigare varit tillgängliga bevisas av att Erik Gustaf Geijer för sitt arbete med *Svea Rikes Hävder del III* fått tillstånd av greve Brahe att sommaren 1835 utnyttja arkiv och

Biblioteksvåningens korridor målades 1842, väggarnas bröstning försågs med draperimålning och takbjälkarnas kanter målades med »streck« i en spännande färgväxling.

bibliotek på Skokloster. Geijer bodde då med sin familj i flyglarna på Krusenberg och rodde, eller kanske roddes, den ganska långa och ofta blåsiga sträckan över Ekoln och Skofjärden med båten lastad med böcker och oskattbara originalmanuskript, »Ensam i bräcklig farkost...«

Men åter till problemställningen med målningen av biblioteksrummen och bokskåpen. Följande scenario är tänkbart: bokskåpen nedmonterades innan målningsarbetena i rummen sattes i gång 1842. Böckerna lagrades i pyloner på annan plats. När biblioteksrummen målats klara vidtog återuppställning av alla skåp – utan böcker – någon gång efter 1842 och före 1844 då hyllorna målades.

Samtidigt ger gårdsräkenskaperna anvisning om snickeriarbeten i okt. 1843 just i biblioteket med 42 Rdr till Per Jönsson i Bengtsbo, en gård under godset. 42 Rdr är en tämligen ansenlig summa som bör ha räckt till hyllornas hopsättande och uppställning. Men var hade dessa hyllor och framför allt alla böcker och manuskript förvarats under tiden? Rothliebs uppgift att Magnus Fredrik Brahe tänkt sig att göra om den oinredda salen till ett biblioteksrum återkommer i flera besökares reseberättelser. Var annars kunde man ha placerat ett dussin mycket stora och höga bokhyllor och manuskriptskåp medan biblioteksrummen målades? I Söderbergs räkning ingår nämligen också målning av ett antal lösa skåp, såväl nya som gamla, fyra stycken i Neapel, samt ett nytt (!) skåp »med ett mindre på gaveln« samt en »större skrifpulpet ådrad likt Ek«.

Kanske är till yttermera visso den skisserade operationen rimlig då Söderberg skriver 1844 »i alla 8 Rummen Tak och Wäggar påbättrade och alla Reparerade Ställen med flera couleurer i Limfärg«. Bokhyllorna spänner mellan golv och takbjälkar och skador bör ha uppstått vid uppsättningen.

Slutsatsen blir att hyllornas snickeri bör ha tillverkats under Magnus Fredrik Brahes tid, troligen långt före 1823 då alla katalogerna över de tryckta böckerna senast var färdiga. Hyllorna bör redan då ha varit uppsatta på sina platser i biblioteksrummen, men ännu omålade, och fyllda med böcker för att på nytt tas ner vid rummens målning 1842 och därefter åter ställas upp. Ett omfattande arbete!

Till sist tar Söderberg upp trapploppens bemålning i sin räkning, det gällde här trapporna mellan andra och tredje våningen. De målas

med oljefärg med 1 3/4 aln höga balustrar i grått. Räkningen under-
tecknades av Söderberg den 5 okt. 1844, således tre veckor efter Mag-
nus Brahes bortgång den 16 sept. Betalningen på 481 Rdr Bco kom
fermt den 31 dec. samma år.

SAMMANFATTNING AV BYGGNADS-
ARBETENA 1829–1844

Vi har i det föregående kunnat följa händelseutvecklingen i slottets
upprustning alltifrån början 1829 till det avslutande året 1844. Det
började med borggårdens omdaning 1829, därnäst minnesrummet
över Karl XIV Johan omkring 1830, så ett avbrott på några år och där-
efter nya insatser 1834–35 med kungssalen följd av övriga rum i
Wrangelvåningen fram till 1837. Brahevåningen fullföljdes sannolikt
de kommande åren med avslutning i korridoren på samma plan hösten
1839. Redan året därpå vidtar arbeten i gästrumsvåningen och fullföljs
med dess korridor 1841 och 1842. Biblioteksrummen kom att tas om
hand 1842 och bokskåpen återuppställdes och målades 1844.

Vår studie av förändringsförloppet baserar sig på tillgången av
Magnus Brahes dödsboräkenskaper, gårdsarkivet och inte minst olika
vägledningar och beskrivningar av slottet från 1700- och 1800-tal,
men i lika hög grad på anteckningar om utförda arbeten på slottets
väggar, tak och föremål. Något har vi fått ana, kanske mest det som är
knutet till Brahevåningens omgestaltning, men i stort har vi tyckt oss
kunna belägga de olika etappernas tidpunkter och omfattning. Dock
har vi endast tagit med för vårt syfte viktiga uppgifter ur gårdsräken-
skaperna som vimlar av vittomfattande inköp av brädor, bonvax, såpa
eller olika färgpigment för att inte tala om läster kalk och mängder
tegel. De uppgifter vi använt t.ex. beträffande gårdsnickarnas verk-
samhet är ytterst selektiva.

Arbetena måste i hög grad styrt om i slottet, kostat pengar, men
ändå landat där man tänkt sig. Magnus Brahes bortgång hösten 1844
medförde ett plötsligt slut, men då var också omdaningen av samtliga
våningsplan genomförd såväl beträffande rummens nymålning som
ny möblering. Att han verkligen var nöjd med resultatet framgår av
det tidigare citerade brevet från hans besök på Sko i maj 1844. Där

avslutades »i grevens tid« ett femton år långt upprustningsarbete. Den oinredda salen berördes dock aldrig, vi vet inte ens om den någonsin varit en del av programmet. Kanske överlät Magnus Brahe helt enkelt frågan till kommande fideikommissarier?

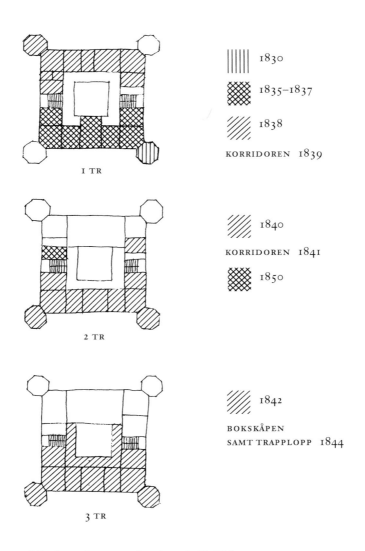

|||||| 1830

▓▓▓ 1835–1837

///// 1838

KORRIDOREN 1839

///// 1840

KORRIDOREN 1841

▓▓▓ 1850

///// 1842

BOKSKÅPEN SAMT TRAPPLOPP 1844

I TR

2 TR

3 TR

Målningsarbetenas omfattning och tidsföljd.

Skokloster mellan
1830 och 1844

– den lösa inredningen

MÖBLERINGEN AV WRANGEL-
OCH BRAHEVÅNINGARNA

Man kan följa reparationsarbetena i slottet med hjälp av scrafitti och räkenskaper från första våningen till vinden, men källorna sviker i någon mån när det gäller att fastställa ordningen och dateringen för anskaffandet av de nya möblerna. 1845 var allting på sina respektive platser och nyinredningarna fullbordade – det kan vi utläsa av inventariet 1845, uppsatt efter Magnus Brahes död. Några andra hållhakar finns också, som gör att vi kan rekonstruera turordningen, främst en datering på en av möblerna och uppgifter i dödsboets räkenskaper. Framför allt gäller uppgifterna den textila inredningen. Räkningar från leverantörer och hantverkare, som ännu inte fått betalt, talar om en närmast febril upprustning.

Innan vi går in på de nya möblemang som anskaffades för paradvåningarna en trappa upp, bör nämnas att mellan 1825 och 1832 kom flera transporter med möbler till slottet från Stockholm. Det framgår av ett tillägg till 1823 års inventarium och av transportkostnader som redovisas i gårdsräkenskaperna. Det gäller bl.a. fyra stora pärlfärgade möblemang med sliten klädsel. Vi utgår från att de var gustavianska eller sengustavianska möbler som vid denna tidpunkt var omoderna men sannolikt brukbara. I användningen av dessa möbler finns ingen uttalad stilvilja, ännu inget program för en omdaning.

Ett sådant program växte sannolikt fram successivt. Vi har försökt att utläsa och rekonstruera det genom att följa de åtgärder som vidtogs.

Den nygotiska möbeln i minnesrundeln

I minnesrundeln (2:Y), även kallad minnesrummet, innanför Wrangels sängkammare står sex stolar, ett monterskåp och ett monterbord i nygotisk stil, som hör till det första helt nya möblemang som anskaffades under Magnus Brahes tid. Möblemanget är betydligt större och uppenbarligen avsett för ett annat rum. Det består utöver de nyss nämnda stolarna och montrarna av en soffa samt två stora skåp. Möbeln är av furu med gulpolerat björkfanér, lister och dekorativa

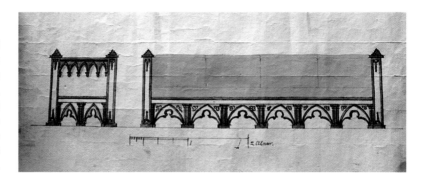

Akvarellerade ritningar till fyra olika stolsmodeller och tre soffor i nygotik finns bevarade på Skokloster. Denna ritning bör ha legat till grund för soffan, som tillverkades av slottets snickare 1830. Soffan kom aldrig till användning.

detaljer är av svartbetsat lövträ. Formspråket har tagit upp och förenklat vissa element i gotisk stenarkitektur såsom spetsbågar och trepass, stolsbenen är formade som knippepelare och ryggstolparna avslutade som fialer. En av stolarna avviker något i detaljerna från de övriga. Möbelklädseln är av en enfärgad varmröd ylledamast.

Möbeln kan spåras i slottets gårdsräkenskaper. Den 30 juni 1830 upptas kostnad för »Snickar Sahlberg för Resa med Ritning på Meubeln 1.32.« och därefter står: »2 björkplankor till soffan« och den 31 augusti »1 st. björkplanka till soffan«.

Vilken ritning avses? På Skokloster finns en serie osignerade ritningar bevarade med förslag till soffa och stolar i flera varianter av nygotik. Alla förslagen verkar tagna ur en samtida mönsterbok. De har alla biedermeierkaraktär av den arkitektoniskt lite klotsiga sorten där gotiken känns som en utanpåliggande dekoration. Ett av förslagen stämmer med den utförda soffan.

Dessa ritningar är gjorda av någon som fått en elementär teckningsundervisning och haft tillgång till förlagor. På Sko finns också ritningar i full skala till en stol. De kan mycket väl ha varit utförda av gårdssnickaren och kanhända var det dessa ritningar som han tog med till Stockholm för att få godkända. Två dagar tidigare, den 28 juni, 1830 hade Magnus Brahe följt med kronprins Oskar till Sankt Petersburg. Vem skulle då godkänna ritningarna? Slottssnickaren Heinrich Dumrath hade året innan tillverkat en nygotisk möbel åt kronprins Oskar. Den möbeln har stora likheter med Skoklostermöbeln och även om den är mycket elegantare är det tydligt att den utgjort en

Detalj av ritning till stol i skala 1:1. Kanske var det denna ritning som slottssnickaren tog till Stockholm för att visa upp den 30 juni 1830.

Stolarna i minnesrundeln är tunga och har tagit upp och om-vandlat detaljer från gotisk stenarkitektur som dekorativa element. Stoppningen av »spån«, d.v.s. träull, är hård och har enligt empirens mode en rak kant som i en vass vinkel möter sittytan. Möbeltyget, en röd ylledamast, har blekts till nästan vitt. Snodderna var röda och svarta.

Stol tillverkad för kronprins Oskars götiska rum på Stockholms slott av slotts-snickaren H. Dumrath 1829. Kungl. Husgerådskammaren.

Två stora skåp hör till den nygotiska möbeln och visar att den ursprungligen var tänkt för ett större rum. Skåpen placerades i greve Wrangels förmak och fylldes med dyrbarheter ur slottets samlingar av glas, silver och keramik.

Slottsnickaren A. Sundholm signatur den 6 juli 1834 på ett av skåpen.

förebild. Dumrath bör ha haft erfarenheter att dela med sig, men detta är bara en gissning.

Soffan är signerad 1830 av gårdssnickaren P. R. Sahlberg och de stora skåpen den 6 juli 1834 av A. Sundholm, som efterträdde Sahlberg i tjänsten 1831. 1835 tillkom bordsmontern och monterskåpet som rymmer diverse minnen, gåvor av Karl XIV Johan. De ansluter sig formmässigt till stolarna och vi kan därför utgå ifrån att dessa vid denna tid var placerade i minnesrundeln. Samma år hade ju kolossalstatyn av guden Mars med Karl Johans drag förts dit från Rosersbergs park. Vi utgår från att de kungligas besök på Skokloster i augusti 1835 gällde just det färdigställda minnesrummet.

För vilket rum möblemanget i sin helhet ursprungligen var avsett är okänt. De stora skåpen uppges i tillägget till 1823 års inventarium vara avsedda för pretiosa och de placerades, fyllda med dyrbart konsthantverk i Wrangels förmak, vilket visar att man satte stort värde på dem. Soffan var redan 1845 magasinerad. Tydligen har den aldrig använts ty den saknar stoppning och har inga spikhål efter sadelgjord och klädsel. När bänkarna i de fem fönsternischerna kom dit vet man inte, men de stod på plats 1845. De är av björk och furu men utan nygotiska drag.

Deras dynor är klädda med samma röda tyg som stolarna. De är, liksom monterbordet och monterskåpet, tillverkade för tornrummet.

Kanske behövs en förklaring till varför man valde att göra möblerna i nygotik som verkar så främmande i slottet. Ja, man målade t.o.m. svarta linjer som skulle ge intryck av spetsbågar på fönsterglasen. Den tidiga nygotiken uppfattades i Sverige inte som en speciellt kyrklig stil och den fick inte heller samma utbredning i Sverige som i England och Tyskland. I Sverige kallades den »götisk stil« och genom ordlikheten kopplades den samman med göterna, d.v.s. de gamla goterna. Under flera perioder av svensk historia har arvet från goterna dragits fram. Sverige skulle sålunda ha varit goternas vagga och folket här skulle ha varit ursprung till många andra folk. Dessa tankar fördes först fram på ett koncilium i Basel 1434 och upprepades under 1500-talet och 1600-talet och drogs fram på nytt vid 1700-talets slut. Som exempel kan nämnas att Gustav III fick en götisk begravning 1792 då en gravlund arrangerades i Riddarholmskyrkan med cypresser och runstenar. Det götiska förbundet var, med dess nationellt-etiska idévärld och ceremonier som t.ex. att dricka ur horn, en länk i denna heroiska men något dimmiga begreppsvärld. Under en kort tid uppfattades gotiken som ett adekvat uttryck för ett nationellt-heroiskt idéinnehåll. Den stod också för något som var gammalt och fornt.

På kontinenten tävlade man om äganderätten till gotikens födelseplats. Tyskland markerade redan 1773 genom Goethe sin del i dess ursprung. Frankrike och England kom strax efter. Ingen nation ville acceptera att gotiken var en internationell arkitektur.

Den nationella egenskapen hos gotiken gjorde den sålunda till en stil som passade utmärkt i ett rum där man så att säga legitimerade Karl Johan. I guden Mars och i de klassicerande väggmålningarna heroiseras kungen som krigare, i det »götiska« knyts han till en stor svensk tradition som krävde en fortsatt ärorik historia. Nu invänder kanske våra läsare att möbeln inte ursprungligen var avsedd för minnesrundeln. Det är sant men den samlade effekten måste ha kunnat utläsas så som här har tolkats.

Rummet var ju en hyllning till en levande furste. Därför väckte det ett sådant intresse hos kungen att nya gåvor skänktes dit vid flera tillfällen. Den varmt röda färgen på möbelklädseln bidrog till att ge rummet liv innan den med tiden blektes till kyligt vitt.

Bland ritningarna på Sko finns ytterligare en ritning, utförd på en annan sorts papper, till en nygotisk enkeldörr med två fyllningar nertill och två spetsbågiga och spröjsade fönster upptill. På ritningens baksida står: »Ritningen på Dörren till Torn rummet där Marmor Statun står.« Ritningen har alltstå tillkommit efter 1835 då Byströms kolossalstaty skänktes till slottet. Dörren är numera nedställd i slottets källare.

Möbeln för gula förmaket är tillverkad efter 1837. Foto före 1930-talets början innan Magnus Brahes möblemang flyttades bort. Gardinerna blev dock kvar.

Den vita möbeln för gula förmaket

Det finns goda skäl att anta att den möbel som anskaffades härnäst var den vita möbeln för gula förmaket (2:M) i Brahevåningen. Stilmässigt innebar den något helt nytt. Den bör ha varit gjord efter 1837 då den inte är upptagen i det tillägg, som avslutas det året, till inventariet från 1823. Möbeln har inte lämnat några spår i dödsboets räkenskaper, vilket betyder att den, eller snarare dess tyg, betalats tidigare. Vi utgår ifrån att den liksom följande möbler är tillverkad av slottssnickaren och därför inte är upptagen som utgift. Tapetserararbetet kan vara gjort av rustmästaren Isac Giers som ursprungligen var sadelmakare. Någon ritning har dock inte bevarats.

Fåtölj till möbeln för gula förmaket, tillverkad i en blandstil som var högaktuell på kontinenten. Möbeltyget är ett mönstervävt halvsiden, ursprungligen kraftigt orangegult.

Detalj av fåtöljen med dess kulsvarvade underrede och skulpterade akantusblad på armledet. Stoppningen är empiremässig med sin raka avsydda kant.

Möbeln är utförd i en blandstil som var aktuell på kontinenten på 1830-talet: barock i format och i skulpterade detaljer och kulsvarvning, Louis XVI i frambenens infogning i sargen och i de klassicerande i ornamenten som t.ex. de korsade lagerkvistarna på överstyckena. Men det måste medges att den är tung och ganska klotsig och inte når upp till någon kontinental elegans. Men färghållningen, vit oljefärg med vissa detaljer förgyllda (men belagda med slagmetall där guldet på vissa ställen nu skiftar i grönt), har motsvarigheter i 1830-talets mest avancerade möbler i Europa, t.ex stolarna för Goldsmith's Hall i London och flera möblemang av arkitekten Leo von Klentze i Residenset i München. Den vita möbeln på Skokloster kan estetiskt eller tekniskt på inget sätt jämföras med dessa utländska möbler, men den har ett idéhistoriskt intresse och visar att man följde med sin tid, kanske t.o.m. trodde sig skapa ett modernt möblemang med en vag anknytning till historien.

Greve Magnus Per Brahe (d. 1930), den siste Brahe-ättlingen, med sin grevinna Anna f. Nordenfalck i gula förmaket.

Den vita möbeln för gula förmaket består av en mycket lång soffa med sex par ben, 12 fåtöljer och sex stolar. Fåtöljerna och stolarna är till sina proportioner stora som franska barockmöbler men formmässigt är de en innovation. Man har inte sökt någon förebild i slottet, inte kopierat. Alla dessa stolar placerades dels utmed väggarna, i fönsternischen och i en gruppp kring soffan. Så ser vi dem på ett fotografi taget på 1920-talet av den siste greve Brahe och hans grevinna i detta rum.

Den ursprungliga klädseln är kvar i förbluffande gott skick. Ett guldgult, från början kraftigt orangegult halvsiden med ett stort stjärnmönster inom ramverk, är typiskt för senempiren liksom stoppningen med sina höga avsydda kanter som i en vass vinkel möter sittytan. Som möbelband har man använt smala galler i rött och gult. Även detta visar att möbeln är tillverkad under inflytande av empirens smaknormer.

Till rummet hörde också en enorm eldskärm (2,4 m. hög, 1,28 m. bred) med ett skulpterat, krederat och förgyllt ramverk i rokoko och senare tillverkad fotställning. Den är klädd med två våder av samma gula halvsiden som möbelklädseln.

Någon gång strax efter 1930 flyttades sittmöblerna till Wrangelska barnkammaren (2:H) – en klar degradering – och dyrbara signerade rokokomöbler togs in i förmaket.

I gula förmaket stod också två nätta gueridonger på spiralsvarvad fot. De är ornerade med eklöv, vinrankor och akantus i guld som skiftar i flera färger, allt mot en vit botten. I katalogen uppges de vara från 1600-talets mitt, senare ommålade. Hela utförandet, den precisa svarvtekniken, det lilla formatet och det allt igenom fräscha trävirket gör det troligare att de i sin helhet är från omkring 1840, från samma tid som dess ovanligt läckra måleri, signerat N. A.

Den nuvarande väggbeklädnaden av förgyllt läder med mönster av grönt yllestoft har satts upp senare. Både 1823 och 1845 års inventarier meddelar att rummet hade tapeter av gul brokad med röda och vita band. 1845 beskrivs de förvånande nog: »alltsammans förfallit«.

Möbeln i blå rummet i Brahevåningen

I blå rummet (2:R) står alltjämt en kort soffa och fåtöljer, målade i mellanblå oljefärg med ornament i silverfärg. Ursprungligen ingick en soffa, åtta fåtöljer och sex stolar i möblemanget. Allt detta är upptaget

Blå rummet stod färdigt att tas i bruk i augusti 1842. Möbeln är tillverkad i en barockmodell men färgsättningen – mellanblått och silver – var en nyhet. Möbeltyget, en halvylledamast i blått och silvervitt var ursprungligen betydligt blåare.

i 1845 års inventarium, men soffan är daterad 1839. Med samma blå oljefärg som använts till möbeln har målaren skrivit, tämligen kladdigt, under soffan: »1893 STM – IW« samt »IW 1839«. 1893 betraktar vi som en felskrivning av målaren, STM avstår vi från att tolka. IW kan stå för en av Gustaf Söderbergs anställda. I dödsboets räkenskapet finns en räkning från Söderberg på kittning, målning och fernissning av möbler, så vi vet att hans folk utförde sådana arbeten.

Möbeln förefaller vara en kopia av en barockmöbel med skulpterade – men rätt detaljlösa – akantusblad på armlänen. Underredet är kulsvarvat med kraftiga avlånga kulformer, avbrutna av klotsar vid hopfogningspunkterna. Någon förebild till stolarna har vi dock inte funnit på slottet.

Att tillverka en regelrätt kopia av en barockmöbel är något nytt i slottet och sannolikt i Sverige vid ett så tidigt datum. Samtidigt visar den blå färgen med ornament i silver ett nytänkande som varken har grund i barocken eller i samtidens senempire. Till soffan finns ingen förebild eftersom soffor av den här typen var okända under barocken. Den är utvecklad ur fåtöljernas formförråd.

*Soffan i blå rummet är
signerad med möbelns
blå oljefärg 1839.
Vem IW var vet vi inte.*

*Fåtöljer och stolar i blå
rummet är stoppade med
mjuk kant och försedda med
en blå och vit yllefrans.
Under barocken gällde ett
tyg eller en möbelklädsel som
oavslutad utan frans – det
draget har tagits upp här.
Senare under 1800-talet
utvecklades det till mani.*

Möbeltyg och gardintyg är av blå och vit halvylledamast, vars mönster har klar senempirekaraktär. Sitsarnas stoppning är av spån som på alla möbler som anskaffades till Skokloster vid denna tid. Stoppningen är nu låg med en mjukt rundad kant, alltså ett klart avsteg från empirens raka höga stoppning med en vass och markerad kant. Detta kan tolkas som en strävan att vara modern, men det kan också vara ett historiserande drag, d.v.s att man ville efterlikna en barockstoppning. Stolarnas ryggstolpar är emellertid inte klädda på barockvis medan bruket av frans – en högre under ryggens stoppning, en lägre runt sargen – går tillbaka på barockförebilder. Här förelåg tydligen inte ett behov av en korrekt genomförd barockinredning, man kunde ta sig friheten att avvika i färgval och sättet att klä stolarna.

I samma rum står Karl XIII:s eleganta förgyllda himmelssäng med ljusblå sidengardiner. För att infoga den i det övriga möblemanget målades dess främre långsida, båda gavlarna och sängstolparna i sittmöblernas blå färg. De vackert skurna och förgyllda ornamenten smetades över med silverfärg. I senare tid har sängen ställts med huvudgärden mot väggen och då har en förgylld långsida blivit synlig.

Detta rum kunde tas i bruk sommaren 1842. I augusti detta år väntade Magnus Brahe sin bror Nils med familj. I brev till brodern den 5/8 1842 planerar han besöket: »Sist bodde Du och hon (hustrun Amelie f. Piper) i andra våningen, men jag hemställer om det intet vore bättre att Amelie bodde uti Gula rummet och hade Barnen, med deras uppassning, uti det blåa, som allt är en trappa upp.«

En detalj återstod dock. I juni 1844 levererades ett täcke till toalettbordet. Till varje sängkammare eller gästrum iordningställdes ett toalettbord, bestående av ett enkelt bockbord av furu med ett bordtäcke av rummets möbeltyg med veckad eller rynkad kappa ända ner till golvet och med frans kring bordsytan och nertill. Ett sådant toalettbord ingick *en suite* med säng och möbelklädsel i det sena 1600-talets möblering av en ståndsmässig sängkammare. Omkring 1840 avspeglar det en antikvarisk vilja.

Karl XIII:s magnifika säng, rikt utskuren, förgylld och
försedd med sidenomhängen hade kommit från Rosersberg
och placerats i blå rummet.

Sängens vackra skärningar drogs brutalt över med
färg i blått och silver för att passa ihop med det nya
möblemanget.

Möblerna för gula rummet och för det röda

Gula rummet (2:P), även kallat gula sängkammaren, i Brahevåningen
och röda rummet (2:E) i Wrangelvåningen förefaller ha möblerats upp
samtidigt. Samma principer har följts i båda rummen. Här är det inte
längre fråga om nya stilförsök i tidens eller barockstilens anda utan om
ett regelrätt kopierande av möbler från 1600-talets slut.

I gula rummet finns två par äldre fåtöljer, barockmöbler av fransk
typ som skiljer sig något från varandra. Ett av paren har armlän med
skulpterade flikiga akantusblad i djup relief, bladen rullar sig runt en
skulpterad blomma. Hela underredet är kulsvarvat, även bakre ben-
paret fast benens nedre del är fyrkantig där de tar spjärn mot golvet.
Där tvärslåarna är infästade i benen avbryts kulsvarvningen av krafti-
ga klotsar. Det är dessa stolar som kopierats i fyra fåtöljer för gula rum-
met och åtta för röda rummet. Man har också tillverkat sex stolar efter
samma modell men utan armlän för gula rummet och fyra för det röda.
Alla möblerna har uniformerats genom målning med svartbrun olje-
färg med skuren ornamentik i silver. De nya fåtöljerna är så lika de
äldre, även ifråga om mått, att man inte ser skillnaden utan att i detalj
studera dem. Sofforna är mycket långa och försedda med inte mindre
än sex par ben. De varierar sinsemellan något i fråga om överstycke
och är, liksom soffan i blå rummet, nybildningar byggda på fåtöljernas
formspråk.

Konstnären Carl Stephan Bennet har gjort en målning av en interi-
ör med en sådan soffa. Målningen har litograferats; ett exemplar finns
på Rydboholm. Det är en vapensal hos generalen Gustaf Adolf von
Essen och hans hustru i deras hem på Klara östra kyrkogata 10 i Stock-
holm, som avbildats. De två små sönerna som är med på bilden gör det
lätt att datera tavlan till slutet av året 1835 eller några månader in på
nästa år. Möbleringen består av en slags soffgrupp. Soffan är gjord
som en förlängd barockfåtölj och utmed väggen står två rikt ornerade
höga barockstolar av holländsk-engelsk typ. Samordningen av en helt
ny sofftyp och antika barockmöbler är en klar parallell, fast med flera
års försprång till möbleringen på Skokloster.

Vi återvänder till rummen på Skokloster. Sängarna i de båda rum-
men är äldre omålade fyrstolpsängar, den i gula rummet har omhäng-
en av gul yllemoaré, s.k morino, med gul och blå yllefrans och en
praktfull äldre huvudgavel i papier maché. Sängen i röda rummet har

I gula rummet, även kallat gula sängkammaren, går hela möblemanget en suite, gjort till en enhet med hjälp av den gula yllemoarén och en blå och gul frans som används till säng, möbelklädsel, toalettbordstäcke och gardiner. Rummet stod färdigt i augusti 1842 och är det första som uppvisar en genomförd barockkaraktär.

Några av fåtöljerna i gula rummet är gamla och har varit förebild för de nya.
Det går knappt att skilja dem åt.

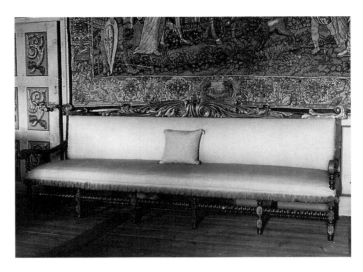

Soffan i gula rummet är så lång att den bärs upp av sex benpar. Sådana långa soffor fanns inte under barocken, men väl under empiren. Soffan är en helt ny komposition med detaljer lånade från barockstolar.

klädsel av röd yllemoaré och klädda gavlar vid huvudgärden och fotändan. Både den övre och den nedre kappan är prydda med ett magnifikt snörmakeriarbete i rött silke från 1600-talet.

Fönstergardinerna är sydda av resp. möbeltyg, gul morino med blå och gul yllefrans i gula rummet och röd morino med röd yllefrans i röda rummet. Gardinkapporna är raka och tygrika, långgardinerna hålls hårt åt med ett omtag av samma material.

Sittmöblerna har en hård stoppning av »spån«, d.v. s. träull, och liksom i blå rummet har sitsarna en mjukt rundad kant. Här är emellertid ryggstolparna klädda på barockvis och runt rygg och sarg sitter frans i olika höjder precis som på en barockstol. De randiga linneöverdragen, gula och vita i gula rummet, röda och vita i röda rummet känns däremot helt 1800-talsmässiga, d.v.s moderna för sin tid.

I dödsboets räkenskaper kan vi följa rummens färdigställande. Den 18 juni 1844 levererar handlanden Henric Mendelson i Stockholm mindre kvantiteter yllemoaré, i räkningarna kallat morino, nämligen 25 alnar gul och 32 alnar röd. I samma månad har tapetserar Berg sytt bordtäcken till de gula och röda rummen. liksom för blå rummet, samt »2ne sänggaflar stoppade och klädde med röd morino«. Därmed var rummen helt färdiga, ty de förekommer inte senare i räkenskaperna och allting var ju på plats när inventariet efter Magnus Brahe sattes upp 1845.

Vi menar att i dessa två rumsinredningar har man nått fram till något alldeles nytt. Man har gjort möblemang i barockstil att passa i

En lång soffa i nybarock är avbildad redan 1835 i riddarsalen hos generalen Gustaf Adolf von Essen och hans maka Ida von Rehausen. Att ha ett rum med vapensamling och rustningar var ett aristokratiskt mode som på kontinenten också togs upp av samlare utan adligt ursprung. Litografi av Cardon efter målning av Carl Stephan Bennet.

Röda rummet i Wrangelvåningen var i princip möblerat som det gula. Till möbelklädsel och gardiner användes röd yllemoaré, s.k. morino, och helröd yllefrans. Sängen har dock magnifika silkesnörmakerier från 1600-talet.

Nya fåtöljer och stolar i röda rummet är målade i brunsvart med ornamenten i guld och klädda med röd morino. I röda rummet, liksom i det gula, har tapetseraren klätt också stolarnas ryggstolpar med möbeltyg på barockmanér.

det gamla barockslottet. Detta kan synas vara en enkel tanke, men vid denna tidpunkt var ett sådant förhållningssätt okänt i Sverige och representerade ett nytänkande på kontinenten och i England. Åtgärden krävde både kunskap och vilja att levandegöra historien och ett undertryckande av modern stilvilja. Säkert upplevde man dessa inredningar som en klar förbättring jämfört med att rusta upp gamla 1600-talsmöbler, som kanske inte hört ihop i tillräckligt antal och därför inte kunnat ge det samstämda och genomförda intryck som nyinredningarna gjorde. Ska man se detta som en antikvarisk åtgärd eller en innovation i nybarock? Frågan är inte helt enkel att besvara och vi återkommer till den när vi har redovisat ytterligare material.

Möbeln i grå rummet i Wrangelvåningen

Det grå rummet (2:v) innanför Wrangels sängkammare var det sista som genomgick en total nyinredning i paradvåningen under Magnus Brahes tid. Vi har en räkning av den 3 juli 1844 på »16 al. gjordväf till de nya stolarna i grå rummet«, en senare räkning daterad den 12 sept. 1844 tar upp hamptyget till möbelklädseln och gardinerna. Överdrag

Grå rummet innanför Wrangels sängkammare var länge avstängt från Wrangelvåningen - ett gästrum som bara kunde nås från korridoren. På detta gamla foto är dörren mot Wrangelvåningen förhängd med vävda tapeter och vi ser möbleringen med lång soffa, fåtöljer och stolar på rad. Möbeln kläddes i juli 1844. Till vänster bakom den vävda tapeten är den halvfärdigt målade dörren till Wrangels sängkammare.

levererades i maj och gardinerna var färdigsydda den 15 september. Bordtäcken till två toalettbord hade levererats redan i juni ihop med bordtäckerna till det blå, det gula och det röda rummet. Alla dessa data visar att grå rummet inreddes under sommaren och var färdigt den 15 september 1844.

Möbeln består av en soffa, fyra fåtöljer och åtta stolar. Stolarna är av en annan modell än i de rum som tidigare beskrivits. De är helt utan skärningar men har täta kulsvarvningar i allt synligt virke med undantag för de bakre benen. Två äldre fåtöljer på Sko har varit förebilder och kopierats exakt. En illa medfaren stol har sannolikt kopierats för de åtta nytillverkade stolarna. Skillnanden är endast att dessa har en tvärslå ytterligare i underredet. Man kan också diskutera om vissa av stolarna och fåtöljerna möjligen är gamla. Två av fåtöljerna och sju av stolarna har nämligen träbottnar i sitsen, vilket kan vara ett tecken på att de är äldre, medan två fåtöljer och en stol har stoppning på sadelgjord. I övrigt finns ingen skillnad på utförandet. Soffan är en ny komposition som endast i fråga om underrede och armlän har lånat formen från fåtöljerna. Ryggens utformning med det låga stoppade partiet

Fåtöljerna för grå rummet förefaller vara kopierade efter en äldre modell som nu finns i gästrumsvåningen.

Alla möbelstoppningar från 1840-talets början har grov sadelgjord och grov grundväv samt stoppning av träull. Här har stoppningens läge stabiliserats med stora stygn, s.k. genomdrag.

och en genomgående svarvad överliggare i stället för ett skulpterat toppstycke är något helt nytt. I inventariet 1845 uppges att möblerna är grönmålade, nu ger de ett svart intryck.

Möbelklädseln och gardinerna är av s.k. hamptyg, en damast av bomull och ospunnen fiber av manillahampa. Dess mönster har en klar senempirekaraktär. Också ryggstolparna är klädda med samma tyg. En grå och vit yllefrans har satts på inte bara som avslutning under ryggbrickan utan också runt hela ryggens kant, vilket ytterligare förstärker barockintrycket.

Gardinerna av det stela hamptyget har veckade kappor som neråt avslutas i skurna flikar. Så långt var inredningen *en suite*, men sängen fick ha kvar sina omhängen av grå vadmal med kanter och kappor av breda korsstygnsbårder från tidigt 1700-tal.

Sittmöbler för biblioteksrummen

Biblioteksrummen användes under Magnus Brahes tid som sällskapsrum. Det finns en skildring hur kungen vid ovanligt gott lynne deklamerade stycken av Corneille och Racine vid en mottagning den 1 augusti 1835 uppe i dessa rum. Då hade inte renoveringen nått upp till denna våning. Först 1844, samma år som bokskåpen var färdiga att slutligen ställas på plats, var också en stor serie sittmöbler klara. Det gäller fem fåtöljer och nio stolar, några sannolikt gamla, de flesta nya, klädda med violett hamptyg och försedda med violetta och vita linnefransar. Tapetserarräkningen tar upp fyra fåtöljer och sex karmstolar med denna klädsel den 21 maj 1844. Alla är av den typ som var bruklig vid 1600-talets mitt med rak ryggbricka, en serie av de nya är av ljus ek och med spiralsvarvade framben och armlän. Det rör sig om regelrätta kopior, svåra att skilja från original. De placerades i rummen Rom och det intilliggande Köln. Klädseln är nu ytterligt blekt och ibland trasig och de flesta av stolarna är magasinerade.

De stora möblemangen – en sammanfattning

Man kan se en alldeles konsekvent utveckling i utformningen av dessa stora möblemang. 1830, då man gjorde den nygotiska möbeln som placerades i minnesrundeln, ville man uttrycka något som var gammalt och fornt men samtidigt modernt; en medeltida stil var på den tiden adekvat för 1600-talet och vi har mött flera besökare som uppfattade Skokloster som ett medeltida herremanshus. Den vita möbeln för gula förmaket ligger precis i linje med det som gjordes ute i Europa, t.ex. för residenset i München, en blandstil med klassicerande element. Möblernas volym har en klar barock karaktär men stoppningen har den för empiren så typiska vassa kanten. Därnäst kommer stolarna till den blå möbeln, daterad 1839, direkta kopior av barockstolar, som vi inte kunnat finna på slottet, men målad i en för barocken absolut främmande färg. Med möblerna i det gula, det röda och det grå rummet samt med möblerna till biblioteksrummen har man nått fram till något alldeles nytt: man har kopierat barockmöbler på slottet, målat dem och låtit tapetseraren stoppa och klä dem på ett sätt som påminner om barockens. Sofforna är överlag nykompositioner och samtliga tyger är moderna för sin tid.

Grå rummet och röda rummet hör till Wrangelvåningen och från början avsedda att gå in i grevens resp. grevinnans svit. Redan 1761 i Nyreens beskrivning kallas dessa rum »gästkammare« och är uppenbarligen avskilda från grevens, resp. grevinnans sängkammare. Dörrarna är stängda och i gästkamrarna förhängda med vävda tapeter. Rummen kunde alltså nås bara från korridoren. Så fortsatte det att vara vilket är förklaringen till att dörren i grå rummet aldrig blev färdigmålad av Söderbergs hantverkare, medan dörren i röda rummet målades om, dock inte utrymmet mellan de dubbla dörrarna. Rummen uppfattades sannolikt inte längre som delar av Wrangelvåningen utan hörde till den mer privata Brahevåningen. Detta, som Anders Bengtsson påpekat, gör det fullt konsekvent att gråa och röda rummen försågs med ett stort sammanhörande möblemang och genomgående textil utrustning precis som man gjort i gula förmaket och i de gula och blå rummen i Brahevåningen. I Wrangelvåningens paradrum strävade man inte efter sådan enhetlighet, där sammanfördes möbler av helt olika utseende och möbelklädseln varierade högst betydligt. Det gråa och det röda rummet bör ses snarast som en utvidgning av Brahevåningen och därför utrustade i likhet med den våningens övriga rum.

I utvecklingen av möblemangen ser vi en process som knappast kunde överblickas från början. Det kan ha funnits en önskan att göra Wrangelvåningen mer represenatativ med nya möbler men deras utformning har vuxit fram steg för steg. I viss utsträckning har detta skett i samklang med de modernaste trenderna i Europa. För Sveriges vidkommande är detta historiemedvetna skapande ca 35–40 år tidigare än vad man vanligen brukar räkna med.

Alkoven

I slottets paradsängkammare, kallad alkoven (2:N), stod redan 1823 en byrå, ett bord, ett par gueridonger m.fl. möbler i svart lackarbete med kinesiserande målningar i guld. 1845 fanns där också sex fåtöljer med horisontala profilerade spjälor i ryggen. Stolarnas främre benpar är sammanhållet av en profilerad slå och det främre fotparet är format som en kloformad vilddjurstass. Stolarna är svartmålade med kinesiserande ornament i falnat guld. En engelsk kännare, Peter Thornton, anser dem vara av fransk tillverkning från sent 1600-tal. Ytterligare sex kopior av de nyss beskrivna fåtöljerna jämte en kort soffa har förts in i inventariet 1851 som ett tillägg till 1845 års inventarium. Det uppges där att de givits av »Förste Hofstallmästaren Herr Grefve N. Brahe«, vilket sannolikt betyder att de överförts till Sko före Nils Fredrik Brahes död 1850. Möblerna ställdes i »Brüssel, men hör till Alkoven«, uppges det i ett tillägg till 1845 års inventarium.

Det råder inget tvivel om att de kopierade stolarna, som skiljer sig från originalen endast genom den högre lystern i guldfärgen, och soffan gjorts för alkoven. En av stolarna har t.o.m. gjorts smalare än de övriga för att få rum till vänster om en liten byrå som står vid väggen mot gula förmaket. Alla tolv fåtöljerna står nu i alkoven, klädda med ett magnifikt äldre silkebroderi, som enligt en uppgift under en av stolarna sattes på 1886. Soffan stod tidigare i rummet men är numera magasinerad.

Här var det fråga om regelrätt komplettering av ett befintligt möbelbestånd, en typ av kopiering som varit vanlig på slott och herrgårdar och som inte behöver tyda på antikvariska ambitioner. Men låt oss dröja vid detta påstående, ty kanske förhåller det sig tvärtom. Inte behövdes tolv fåtöljer i ett förnämt gästrum på 1850-talet. Här har man haft kunskap om hur en paradsängkammare var möblerad vid 1600-talets slut och haft viljan att återskapa en sådan möblering med ett dussin stolar. Betänk också att ett praktfullt gyllenläder sattes upp i detta rum senast 1844 över den äldre ljusblå brokatellen, som tidigare klätt väggarna. Ser man detta tillsammans med övriga samtida åtgärder på våningsplanet, åtgärder som gjorts för att återskapa inredning-

I slottets paradsängkammare och förnämsta gästrum, den s.k. alkoven, fanns sex franska fåtöljer från 1600-talets slut gjorda i kinesiserande stil men med vilddjurtassar på främre benparet. Sex exakta kopior och en kort soffa tillfördes inventariet 1851. På de gamla stolarna (t.h.) har guldet falnat medan det ännu lyser på de nyare (t.v.).

arnas barockkaraktär, kan också kompletteringen av denna möbel ses som ett medel att förstärka den historiska upplevelsen.

Wrangels sängkammare

Ett rum där flera omflyttningar ägt rum i sen tid är Wrangels säng-kammare (2:x). Det är tydligt att det rummet hade en mycket hög prestige och i Magnus Brahes tid ägnades det stor omsorg. Hit anskaffades sex förgyllda fåtöljer som under många år fram till 1994 varit placerade i rummet Genève i gästrumsvåningen.

Dessa fåtöljer är stämplade undertill med »LV« och » Kr DH« vilket står för Lovisa Ulrika och Kronan Drottningholm. Ser man närmare på dem finner man att de ursprungligen varit två fåtöljer och fyra stolar i finaste rokoko, alla försilvrade, som byggts om och förgyllts för att få ett utseende som mer liknade Ludvig XIV:s guldbarock. Hela proceduren kan följas i räkenskaperna i Magnus Brahes dödsbo.

Den 19/6 1844 har snickarmästare Johan Petter Rundström, Stockholm, utfört följande arbete: »Ändrat 4 st antika Stolar till Fauteulli-er, med nya armleder, nytt ornament på öfvertstycket och framtil à 13 Rdr 16. - - - Nya ornamenter å tvenne Fauteullier à 8 Rdr 16,«. De nygjorda armlänen och ornamenten syns tydligt. Från Rundström gick stolarna till »förgyllar Enkan« Carolina Lundgren, där de var klara redan 22/6: »6 styc. antika Stolar Förgyldt med äckta och oäckta (guld). 15 Rs stycket.« Därpå kommer turen till tapetserar Berg. Den 23/7 har han färdigställt »6 st förgyllda fåtöljer löstagit den gamla stoppningen samt omstoppade och klädde med chinesiskt gult tyg à 3 Rs. - - - tillskurit och sytt öfverdrag till desamma« Förvandlingen är fullbordad och möblerna placeras i Wrangels sängkammare, där de förtecknas i inventariet 1845: »6 st förgyllda Fauteuljer med ovala ryg-gar och skurne rosetter, klädda med guldbrokad på gul botten, kanta-de med smal äkta guldgalon. har öfverdrag af blårandig lärft.« Stolar-na har härefter klätts om 1954.

Här har alltså en serie utsökta rokokostolar byggts om, förgyllts och försetts med dyrbart tyg för att få ett praktfullare utseende, mer över-ensstämmande med Ludvig XIV:s guldbarock. Mönsterböcker visar att guldbarocken var aktuell på nytt i Frankrike. Rokokostilen var en stil som vid denna tid och ända in på 1880-talet ansågs frivol och utan smak, åsikter som bör ha bidragit till den drastiska åtgärden. Place-

Fyra fåtöljer och två stolar i högklassig rokoko, märkta med drottning Lovisa Ulrikas monogram och Drottningholm finns på Skokloster åtminstone sedan tidigt 1800-tal. Men eftersom rokokon ansågs vara en frivol stil, lät Magnus Brahe under sommaren 1844 bygga om och förgylla dem. Med tillägg av skulpterade ryggkrön och framslåar fick de drag av Ludvig XIV:s guldbarock, en stil som från 1830-talets mitt var aktuell på kontinenten och i England.

ringen av fåtöljerna i Wrangels sängkammare tyder på en mycket hög värdering av dem.

I samma rum placerades också fyra barockstolar av holländsk-engelsk typ med genombruten rygg. Sådana stolar brukar vara av polerat trä, vanligen valnöt. Dessa stolar hade emellertid förgyllts (någon räkning från förgyllaren har inte påträffats), sannolikt för att bli elegantare. De togs upp i tapetserar Bergs räkning under 2/8 1844: »4 förgylda karmstolar klädda med tyg och guldfransar.« Karmstolar var vid denna tid beteckningen för stolar med rygg men utan armlän. Stolarna stod länge i Wrangels sängkammare, där de är avbildade 1913 på en oljemålning av Carl Gustaf Holmgren (1835–1926). Nu står de runt bordet i kungssalens mitt. Ännu en förgylld stol placerades i Wrangels sängkammare. Den beskrivs i inventariet 1845: »1 st stor Fautelj med Ornamenter och hög rygg, förgyld, sitsen klädd med colorerad Tapesserie, sydt af afledne Grefvinnan Ebba Gyldenstolpe född Brahe. Har öfverdrag af blårandig lärft.« I den nu aktuella katalogen uppges att stolen är sammansatt på 1800-talet av delvis äldre stycken samt att den är signerad M. Hillström. Signaturen är svårläst och kan också tydas som Hallström eller Hellström, men ingetdera namnet för vidare till någon snickare. Det är en märklig stol, olik alla andra, oharmonisk i sin form och sammansatt av skulpterade trästycken – ryggstolparna förefaller vara från sent 1600-tal, andra delar bär prägel av empirens

Denna förgyllda stol ansågs så prestigefylld att den placerades i greve Wrangels sängkammare. Den är sammansatt av separata delar från såväl barock som empire, ett kanske mindre lyckat exempel på historismens ambition att av gamla delar bygga något nytt som skulle associera till det förflutna.

formvärld. Klädseln är ett utsökt korsstygnsbroderi i silke och något ullgarn i många färger. En stor symmetrisk blomstjärna utgör mittpunkten i mönstret och utifrån den växer ett tätt bladverk ut. Det är en senempirekomposition på så sätt att den utgår från ett strängt klassicistiskt motiv som lättas upp av ett livligt bladverk. Blomstjärnan i mitten korresponderar med ornamentet i den märkliga ryggskölden. Tapetserar Berg sätter upp på räkning den 15 juni 1844: » En fåtölj till Wrangelska sängkammaren klädd. 4 al 9 tum efter 3/4 tum hög guldfrans tillsläppt. 4 al 9 tum guldsnören…«. Det kan gälla denna stol fastän fransar och guldsnören är borta nu. Varför denna stol åtnjöt en sådan prestige undgår oss. 1932 stod den i röda rummet och i en vägledning tryckt det året beskrivs stolen på följande sätt (sannolikt är det Åke Stavenow som fört pennan): »Den något förbryllande stolen… mest en blandning av drakstil, empire, gustaviansk och fransk barock bör utgöra en uppmuntran för den s.k. funkisstilens påskyndare.«

Inköp i antikhandeln

Magnus Brahe vinnlade sig på ännu ett sätt att försköna sitt slott och berika dess historiska stämning. Han köpte nämligen en hel del antika möbler och konstsaker i Stockholms gryende antikhandel. Från fru J. F. Wall som hade en av stadens första antikaffärer, inköptes bl.a. det s.k. »pärlemorskåpet«, ett kabinettsskåp från 1600-talet, som placerades i kungssalen, ett Hauptbord och en sybaron. Husaltaret i grevinnans sängkammare och kabinettsskåpet med elfenbensfanér i grevinnans förmak inköptes hos A. Frödelius (vänligen meddelat av Anders Bengtsson). Frödelius skriver sig som f.d. kamrerare i Banken, boende Drottninggatan 61; det är ovisst om han ägnade sig åt antikhandel eller om köpet var en engångsföreteelse. Också stora skåp, förgyllda bord, porslin, föremål av guld och silver fann vägen till Skokloster. Här är inte platsen att närmare redogöra för de enskilda inköpen, men det känns viktigt att peka på Brahes ambition att förse slottet också med historiskt »äkta« vara. Hans syfte nåddes ju också: i den barockmiljö som Skokloster är har ju de nytillverkade möblerna smält in så väl bland de antika föremålen och den nya målningen på väggar och tak haft en sådan trovärdighet att även konstkännare kunnat förneka nytillskotten.

TEXTILANSKAFFNING OCH TAPETSERARARBETEN

Inredningstextilier från 1700-talet och från 1800-talets början är rela-
tivt lätta att datera med hjälp av bevarade prover och stilhistorisk ana-
lys. 1800-talets andra fjärdedel är, när det gäller textilmönster, lika
växlande som den sammansättning av olika stilar som i övrigt förekom
i inredningarna och därför svåra att datera. Till Skokloster anskaffades
en rad textila material av mycket olika karaktär under Magnus Brahes
period. Somliga av dessa kan dateras exakt, andra ungefärligen. Till-
sammans ger de en unik bild av tidens urval av inredningstyger. Många
är importvaror av hög kvalitet och speglar på ett intressant sätt den
utländska marknaden.

Den stora nyinredningen av slottet började som ovan framgått på
1830-talet och fortskred för att, i allt hastigare tempo, färdigställas
efter Karl Johans död den 8 mars 1844 och fram till Magnus Brahes
frånfälle den 16 september samma år. Det gäller inte bara de rum i
Brahe- och Wrangelvåningarna som möblerats upp med de nya
möbler som behandlats i föregående avsnitt. Även andra rum fick nya
textilier till sängomhängen, gardiner och möbelklädsel. Arbeten och
leveranser upptagna i räkningar från augusti 1843 och fram till sep-
tember 1844 kan följas i dödsboets papper.

De leverantörer och hantverkare som anlitats har varit verksamma
i Stockholm. Där är handlanden Henric Mendelson, Drottninggatan
23, som levererade möbeltyger: ylledamast, hamptyg, yllemoaré,
schagg och chintz samt ännu några andra sorter. Mendelson var tysk
invandrare, född i Mecklenburg 1799. Han måste ha räknats som en av
de bästa handlarna i sitt slag i Stockholm, ty bland sina kunder räkna-
de han kungahuset och excellensen Bonde på Sävstaholm. Mendelson
tillhörde mosaiska församlingen i Stockholm och dog 1856.

En annan leverantör var lärftkramhandlaren Jon Lindroth, Rege-
ringsgatan 12. Han sålde lärfter, buldan, bommulskypert och randiga
läfter. Lärftskramhandlaren J.V. Falkman sålde foderväv och foder-
lärfter. Tapetserarmästare F. F. Berg, Kindstugatan 6, som också anli-
tades av kungliga slottet, stoppade och klädde möbler och skar till,
sydde och satte upp gardiner. Alla sina arbeten har han tagit upp i en
mycket detaljerad räkning. Där ingår också kostnader för flera resor
till Skokloster. bl.a. har han den 19 mars 1844 »klädt svart i kyrkan«

med anledning av Karl XIV Johans död den 8 mars.

Här nedan tar vi upp de nyanskaffade tygerna och börjar med *röd ylledamast* för minnesrundeln anskaffad senast 1835. Det gula halvsidenenet i gula förmaket – en variant för sittmöblerna och en för gardinerna – anskaffades efter 1837. Sen följde en *blå och vit halvylledamast* i senempiremönster för blå rummet. Den var liksom en *gul yllemoaré*, s.k. morino, för gula rummet och troligen även en *röd yllemoaré* för röda rummet på plats 1842. Dessa tyger satte helt sin prägel på rummen ty de användes genomgående till gardiner, möbelklädsel och toalettbordstäcken och i gula och röda rummen också till sängomhängen. Den 13 maj 1844 inköptes *två mönster av grön och vit halvylledamast* för Magnus Brahes sängkammare, även kallad gröna sängkammaren och för Wrangels förmak. Med hjälp av tyget fick gröna sängkammaren ett enhetligt utseende.

Blå, gul, grön och röd pressad *ylleschagg* inköptes den 29 juli 1844 från Henric Mendelson och användes till en rad enstaka nya och gamla stolar, mest till barockstolar av holländsk-engelsk typ. Röd schagg sat-

Blå och silvervit halvylledamast för blå rummet, där möbeln målades 1839. Varpen är av bomull, numera gulbeige, inslaget av blått kamgarn. Det är ett typiskt senempiremönster, uppbyggt kring en stiliserad storskalig stjärnblomma inom en ram av mjukt tecknat diagonalt ramverk. Rapportens höjd är 42–46 cm.

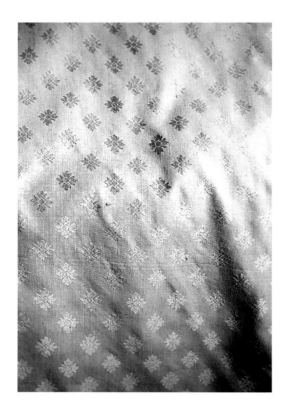

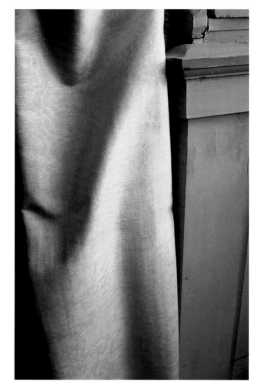

Det är helt unikt att en så stor och varierad samling
av textilier från 1830- och 40-talen bevarats som på
Skokloster och att många av tygerna ännu är i
funktion. Här är gardintyget för gula förmaket,
anskaffat 1837 eller något senare, ett halvsiden med
varp av bomull och inslag av silke som glänser i de
små stjärnblommorna. Ursprungligen var tyget
orangegult.

Gul yllemoaré, s.k. morino, för gula rummet som
stod färdig 1842. Morino är ett strävt ripsvävt
vattrat kamgarnstyg, modernt redan på 1600-
talet. Vid 1800-talets början blev det ett modetyg
på nytt och finns också i rött, grönt och brunt på
Skokloster.

tes också på en stor vilbänk med spiralsvarvade ben, vilken var place-
rad i kungssalen 1845. Tygets 1600-talskaraktär gjorde det möjligen
särskilt lämpligt för barockmöblerna. Men precis samma slags schagg
skaffades för excellensen Bondes slott Sävstaholm 1847, också från
Mendelson, för att användas på moderna soffor och emmastolar i
nyrokoko. Samma slags schagg, användes redan 1837 i en mycket känd
matsalsinredning på Charlecote Park i Warwickshire i England. Tyget
kallades då i leverantörens räkning för Utrecht velvet. Till den inred-
ningen återkommer vi i kapitlet Europeisk horisont, sid. 157.

I detta sammanhang kan nämnas att slät röd bomullssammet inköp-
tes hos Mendelson den 9 juli 1844 till två gardinlufter i grevinnans
sängkammare, vid denna tid även kallad sammetsrummet.

Ett på Skokloster mycket använt inredningstyg är s.k. *hamptyg*, en
jacquardvävd damast med bomull i varpen och ospunna fibrer av
manillahampa i inslaget. Botten är i varpsatin, mönstret framträder i
de glänsande växtfibrerna. Manillahampa, musa textilis, är inte en
hampväxt utan en bananväxt, ursprungligen odlad på Filippinerna.
Först i slutet av 1800-talet, uppges det, gjordes försök att odla den på
annat håll. Vi kan därfär räkna med att materialet kommer från Filip-
pinerna.

På Skokloster finns fem olika hamptyger. På ett av dem finns räk-
ning från Henric Mendelson. Den 12 september 1844 togs ut för Sko-
kloster 133 alnar grått och vitt hamptyg, som omedelbart användes till
grå rummets inredning. Också tapetserar Berg, som klär möbler och
syr gardiner av det, benämner det hamptyg. I inventariet. 1845 kallas
det emellertid »linne Damasch«.

 Tygerna är styva; när de – som fallet är i gardinuppsättningarna – är
lagda i skarpa veck finns en tendens att hampfibern bryts. Trots detta
har de haft en enastående hållbarhet. Inte mindre än tio gardinlufter
som sattes upp på Skokloster 1844 eller något tidigare har överlevt
(kungssalen, grevinnans förmak och grå rummet) och flera av de
möbelklädslar som varit skyddade av överdrag är som nya. När tyget
bevarats väl har hampfibern en silverglans som tecknar sig elegant mot
den färgade ytan. Med åren har hampfibern blivit ljusbrun men behål-
lit sin glans. Färghållfastheten har varit god i de röda och blå tygerna.
Det som kallades grått och vitt är nu ljusbrunt och det gredelina är

Magnus Brahes eget sovrum, det s.k. gröna rummet, försågs med säng- och toalettbordsklädsel, gardiner och dörrdraperi av grön halvylledamast. Tapetserararbetet gjordes så sent som i maj 1844, samma år som Brahe dog.

Halvylledamasten till gröna rummet har ett mönster av två slags växtmotiv som upprepas i rader med förskjutning så att diagonalverkan uppstår. Detta tyg (övre bilden) och en annan damast i samma gröna färg och av samma kvalitet inköptes den 13 maj 1844. Det senare (nedre bilden) användes till gardiner i Wrangels förmak och har ett mönster med två täta stora blomfigurationer som upprepas med diagonal verkan. Båda tygerna kan rubriceras som nyrokoko. Sannolikt är de tillverkade i England.

Ylleschagg med pressat mönster inköptes i rött, gult, blått och grönt den 29 juli 1844. De var de dyraste av alla tygerna och användes mest till gamla barockmöbler, möjligen i historiserande syfte. Alla de andra tygerna var ju rent moderna.

Hamptyg, en damast med mörkblå bomullsvarp och inslag av ospunnen manilla hampa, användes i kungssalens gardiner, sannolikt anskaffade redan 1835. Det var ett exklusivt och nästan outslitligt tyg som tillverkades i dubbelmonarkien Österrike-Ungern.

Rött hamptyg använt som klädsel till sex franska rokoko-stolar som placerades framför spiseln i kungssalen. Samma mönster finns också i violett hamptyg, numera blekt till oigenkännlighet, som användes till gardiner i grevinnans förmak och till ett antal stolar klädda 1844 för biblioteksvåningen.

Mörkblått hamptyg med stjärnmönster användes till stolklädsel. Samma tyg inköptes också till kungliga slottet i Stockholm.

Detta hamptyg finns i Museum für angewandte Kunst i Wien, där det ingår i kejsar Franz I:s samling av industriprodukter tillverkade under 1800-talets förra del i dubbelmonarkien Österrike-Ungern. Hamptyg tillverkades i staden Rossbach i Böhmen och i Wien.

mestadels blekt till grått. Mönstren har olika karaktär. Svårast att tolka är mönstret i kungssalens gardiner. Dess ornamentala bårder uppvisar en formvärld som inte har förbindelse med europeiska mönster. Övriga mönster har klar senempirekaraktär.

Varifrån kommer då dessa hamptyger? I en artikel i Weltkunst 1980 av Angela Völker, textilansvarig i Museum für angewandte Kunst i Wien, fann vi en bild av en hampdamast. Texten beskrev en stor samling industriprover av produkter som tillverkats i dubbelmonarkin Österrike-Ungern. Samlingen hopbragtes av kejsar Franz I under 1800-talets första hälft för att få en överblick över och sporra den inhemska industrin. Bland mängden textilprover finns ett antal tämligen stora bitar av hampdamast av precis den typ som finns bl.a. på Skokloster. Med ett av tygerna följer uppgiften att det är tillverkat av fabrikören G.A. Hendel i staden Rossbach i Böhmen år 1844. I samma samling, men utan uppgift om var det är tillverkat finns ett tyg med samma stjärnmönster som finns i blått på stolarna i Skoklosters biblioteksvåning. Rossbach är en möjlig tillverkningsort också för detta.

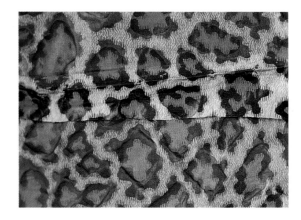

Bomullstyg med tryckt leopardmönster av engelsk tillverkning, användes till möbelklädsel på pärlfärgade gustavianska stolar och till sängklädsel i gästrumsvåningen.

Rosig chintz anskaffad före Magnus Brahes död 1844 till rummet Genève i gästrumsvåningen.

Det fanns också en samtidig fabrik, Praschinger, i Wien där en liknande tillverkning ägde rum.

I Skoklosters textilmagasin har förvarats ett stycke helt oblekt *chintz* med blå botten, ett stycke med leopardmönster samt ett mindre prov med vaxad yta med rosor ordnade i uppåtstigande täta ränder. Till sin karaktär är mönstren typiska för 1830-talet och tidigt 1840-tal. Intendent Inger Olovsson, Skoklosters slott, har funnit att den blå chintzen och det rosenmönstrade tyget är av engelsk tillverkning. Mendelson tar upp »Möbel Cattun« i sin räkning, dels den 20 maj 1844 (14 1/2 aln) och den 29 juli samma år (32 1/4 aln) för 32 skilling alnen. Vi vet inte om detta har att göra med de bevarade chintzerna. Det skulle i så fall vara en komplettering av dem ty antalet alnar är för litet för att räcka till en hel möbel.

Jämfört med paradvåningarna på en trappa ägnades gästrumsvåningens möblering mindre uppmärksamhet. De pärlvita möblerna, som kommit till Skokloster i slutet av 1820-talet hade placerats i gästrumsvåningen. Med hjälp av den blå chintzen har man fört samman

En blå chintz av engelskt fabrikat har
ett småfigurigt bottenmönster och ett
ytmönster av pärlband, stänglar och
blommor, typiskt för 1830-talet. Med
dess hjälp hölls helt disparata möbler
samman en suite i rummet Antwerpen
i gästrumsvåningen.

Alla nyklädda möbler skyddades av överdrag sydda av randig linnelärft.

en rad disparata möbler, två äldre himmelsängar, några barockstolar, en sengustaviansk soffa med tillhörande stolar och taburetter till en fullständig möblering *en suite* i gästrummet Antwerpen (3:c). Här har möblernas vita oljemålning och tyget uniformerat möblerna så att de bildar en enhet.

För att skydda möblerna syddes väl avpassade överdrag av *randig linnelärft* till de flesta möblemangen. Gula förmakets och gula rummets överdrag är randiga i gulbrunt och vitt, röda rummets är i rött och vitt, i övriga rum är de i blått och vitt. Också i rummen i gästrumsvåningen och biblioteksvåningen har möblerna överdrag av samma slags randiga linne. Mellan maj och september 1844 tog tapetserar Berg ut inte mindre än 442 alnar blå- och vitrandig lärft hos lärftkramhandlare Jon Lindroth för överdrag på Skokloster.

Överdragen är givetvis handsydda, de har individuell passform och knytband av linne. Vanligen är överdraget till en stol i flera delar: en del för sits, en för rygg, två för klädda armlän och ibland också två för ryggstolparna. Men det finns ockå de som är sydda i ett helt stycke som stora formsydda påsar, särskilt för stora fåtöljer. På de stora sofforna har man på toppstyckets baksida spikat fast bandändar som knyts samman med motsvarande band i ryggstödens överdrag. På så sätt döljer överdragen det skulpterade toppstycket.

Vad kostade tygerna?

I dödsboets räkningar får man reda på tygernas priser. Mendelson har levererat alla tyger utom lärften som kommer från Lindroth. Priserna är uppgivna per aln (59,4 cm). Man kan därför jämföra hur de inköpta tygerna förhåller sig prismässigt inbördes. För att ge en rättvisande bild har vådbredderna angivits. Alla priserna är från 1844.

Här framgår att schaggen är betydligt dyrare än de andra tygerna trots att den ligger på förhållandevis liten bredd. Hamptyg och bomullssammet är något dyrare än ylledamast. Morino är ett förhållandevis billigt tyg. Randig linnelärft är billigare än något annat tyg.

TYGSORT	VÅDBREDD	PRIS I RDR BCO, SKILLING OCH RUNSTYCKEN/ALN
schagg, röd, pressat mönster	60 cm	4.16/
schagg, blå, pressat mönster		4.16/
schagg, gul, pressat mönster	60 cm	3.16/
schagg, grön slät	minst 60 cm	3.16/
hamptyg, grått och vitt	68 cm	1.16/
bomullssammet, röd		1.16/
halvylledamast, grön och vit	65–67 cm	42/8
morino, röd		40/
morino, gul	60/65/69 cm	36/
»Möbel Cattun« (chintz)	ca 60 cm	32/
lärft, blårandig	65 cm	26–28/

(1 riksdaler = 48 skillingar, 1 skilling = 16 runstycken)

Sammanfattning

När de nya möblerna anskaffades kan vi se en klart historiserande ambition. Med tygerna förhåller det sig annorlunda. Den röda ylledamasten i minnesrummet har, som sagts 1700-talskaraktär och kan ses som en eftersläpning. Alla de andra tygerna som anskaffades senare, såväl gult halvsiden, halvylledamast, morino, schagg, hamptyg och chintzer var klart moderna. De har prägel av senempire eller nyrokoko, ja, schaggen kan rentav ses som nybarock.

Valet av tyg var viktigt. Tygerna gav karaktär åt rummen, de betingade ett högt pris och därtill kom tapetserarens räkning. I valet av tygerna kan vi inte se någon antikvarisk ambition – den pressade schaggen möjligen undantagen.

I många rum på slottet finns möbelklädslar sydda i korssöm och petits points. Sannolikt har de sytts som tidsfördriv av ägarfamiljernas damer och bekanta. I flera fall vet man vem brodösen är, men inte varifrån mönstret härstammar. Det finns korsstygnsbroderier som sannolikt är från 1600-talets slut (en triangelformad spelborddskiva), från 1700-talets början (sängen i grå rummet), från 1700-talets mitt (soffan med porslinsmotiven i gula förmaket) och väldigt många från 1800-talet. Att närmare datera dessa och söka efter förlagor och paralleller är en intressant forskningsuppgift, som vi dessvärre lämnar därhän, då det i viss utsträckning ligger utanför vårt ämne.

GARDINER I BRAHE- OCH WRANGELVÅNINGARNA

Gardiner hör till det mest förgängliga av all textil inredning. De bleks av ljuset och bränns av solen. Av de många gardiner som anskaffades år 1844 eller åren dessförinnan till Brahe- och Wrangelvåningarna på Skokloster har emellertid inte mindre än uppsättningar för tio rum eller sammanlagt 24 gardinlufter bevarats i bruk. Ytterligare två överstycken eller förhöjningar av kapporna sitter uppe i de grevliga sängkamrarna men där är långgardinerna ersatta. Ett antal har under senare år tagits ner och konserverats och åter satts upp (dock inte i grevinnans förmak), andra är i stort behov av konservering. Ett så stort antal bevarade gardiner från samma plats och från så långt tillbaka i tiden är så ovanligt att det är rimligt att närmare gå in på hur de är gjorda.

För nio uppsättningar finns sömnadsräkningar från tapetserar F. F. Berg enligt vilka arbetet utfördes mellan 1 maj och 15 september 1844, d.v.s. fram till dagen före Magnus Brahes dödsfall. Tidigare anskaffade gardiner tas upp i »Bilaga till Skog Klosters Slott Inventarium tillökad sedan År 1823«, där sista införingsåret är 1837. Under rubriken »Fönster Gardiner« står upptaget sju uppsättningar av vilka de flesta är svåra att identifiera. En post upptar 6 par ljusblå gardiner med kappor av »yllekypert, har blå och vita fransar« som anskaffades 1835. Kungssalen är det enda rum i slottet som har sex fönster, men där är gardinerna kraftigt blå och alls inte av yllekypert. Kan det vara de damastvävda gardinerna av blått hamptyg med blå och vit frans som beskrivits så illa? I inventariet 1845 beskrevs hamptyget som »Linne Damasch«, så visst kan en inventerare ta fel. Om nu de sex par gardinerna suttit i samma rum, som vi tror, måste det ha varit i kungssalen. Eftersom det är otroligt att kungssalen fått nya gardiner igen under de följande åren vågar vi utgå ifrån att det är de sex par blå hamptygsgardinerna som åsyftas. I samma källa har man fört in under året 1837: »2 (par gardiner) av Gult Damask med Röda sniljor« vilket bör avse de gardiner som ännu sitter uppe i alkoven i Brahevåningen som genomgick reparationer året 1838.

Alla de gardiner som kommer att beskrivas nedan är upptagna i inventariet 1845. Med utgångspunkt från kapporna kan de delas in i fyra grupper:

med draperad kappa (gula förmaket, alkoven)

med uppbyggt s.k. »götiskt öfverstycke« (Wrangels sängkammare, grevinnans sängkammare, alkoven)

med veckad kappa skuren i flikar (kungssalen, grevinnans förmak, grå rummet)

med rak veckad eller rynkad kappa (Wrangels förmak, Magnus Brahes sängkammare , blå rummet, gula rummet och röda rummet)

Kungssalens gardiner var sannolikt på plats redan 1835. De har kappor skurna i gotiska spetsar som för tanken till medeltida tältlambrekänger. Vid fönsterbrädan är långgardinen åtdragen med ett omtag till en getingmidja. Inga gardiner på Skokloster har haft tunna vita undergardiner som då hörde till modet.

När gardinkapporna till kungssalen konserverades på Livrustkammarens ateljé kunde man studera skärningsmönstren.

Gardinerna i gula förmaket är
draperade enligt empiremodet
och därför lite ålderdomligare
än de övriga. De har sid-
spetsar, mittspets och två stora
stycken draperade som bågar
och bakom dessa sitter ett rakt
stycke. Tyget är gult halvsiden,
en variant på möbeltyget i
samma rum. På bilden är de
ursprungliga möblerna
utbytta, se bild sid. 93.

Alkovens gardiner har
»götiskt överstycke« som höjer
fönstret visuellt för att betona
rummets betydelse. Dessutom
är draperingarna ytterligt
komplicerade och sammansatta
av många delar.

Grevinnans sängkammare med gardiner från 1844 utgör ramen för ett sceneri från 1600-talets senare del. Färglitografi av C.J. Billmark, utgiven 1861–64.

Också greve Wrangels sängkammare hade gardiner med götiskt överstycke.
Kappan är skuren i tungor, lagda tätt med veck emellan och kantade med
band. Detalj av oljemålning av C.G. Holmgren 1913, Skokloster.

Grå rummets gardiner sattes upp i september 1844. De är av samma hamptyg som rummets möbelklädsel och kappan är skuren i tungor med veck lagda emellan. Sannolikt har man uppfattat den modellen som medeltida och som bärare av en historisk idé.

Vissa egenskaper är gemensamma för alla gardinerna. Varje långgardin består av två våder tyg. Långgardiner och kappor är fodrade med bomullstyg och spikade på bräda. Långgardinerna hålls om hårt – de har en riktig getingmidja – och förs åt sidan av omtag av samma tyg som gardinen i övrigt, också det fodrat. Drygt 30 alnar frans gick åt till varje gardin som var sydd av ylle eller hamptyg: utmed långgardinernas sidor och nederkant, utmed kappornas alla sidor och kring omtagen. I sex av uppsättningarna är gardinerna av samma tyg som rummets möbelklädsel (blå, gula, röda och grå rummen, gröna sängkammaren samt gula förmaket), i ytterligare ett rum, grevinnans sängkammare, har röd sammet anskaffats till gardinerna för att gå ihop med den stora röda sammetssängen. I de tre förnämsta sängkamrarna (grevens, grevinnans och alkoven) har fönstren förhöjts visuellt med ett slags klädda, profilerade sköldar som når upp över taklisten. Tapetserar Berg kallar dem »Göthiske öfverstycken« och de utgör en klar markering av rummens betydelse. Ingen uppsättning tycks ha haft tunna ljusa undergardiner, vilket är ett klart avsteg från det som

Gula rummets gardiner har raka kappor med täta veck spikade på bräda och kantade med frans. Liknande raka kappor finns också i röda rummet, se bild sid. 105, i blå rummet, i gröna rummet och i greve Wrangels förmak.

tidens mönsterböcker påbjöd för eleganta fönsterarrangemang.

Den här typen av tunga stela gardiner finner man också i tidens mönsterböcker. Tunga material, stela kappor med flikar och snörmakerier kännetecknar de gardinmodeller som ger sig ut för att passa med historiska möblemang och i mycket seriösa sammanhang. Mönsterböckernas förslag är emellertid mycket mer utstyrda med snörmakerier, kappornas profiler är mer komplicerade, kornischerna förgyllda och rikt profilerade och alltid finns det tunna vita undergardiner av muslin. Även om man känner att dessa stela gardiner med flikig kappa ligger exakt rätt, eller möjligen något före, i tidens historism har några exakta förebilder ännu inte påträffats.

Historism eller mode?

Hur mycket historism finns i dessa gardiner? Hur mycket är mode? Om vi i tanken går upp i gästrumsvåningen för att se på gardinerna sådana de var där 1845 ska vi finna att de i de flesta rummen var av »façonnerad hvit nettelduk«, kantad med galler och med omtag av kordonger i rött och grönt. Sådana lätta och ljusa gardiner finns kvar i slottets förråd och det är just vad som var vanligt under senempiren i borgerliga och adliga hem. Gardinerna i Genève var annorlunda. De var av rött bomullstyg med en tryckt bård i svart och bestod av långgardiner och en enkelt draperad kappa. Utmärkta kopior sattes upp våren 1994 och ger med sin röda färg ett varmt ljus åt rummet. Inte heller en sådan uppsättning var på något sätt ovanlig vid denna tid. Gardinerna i Wrangel- och Brahevåningarna var däremot inte vanliga, de var tyngre, mer ornerade och mörkare och det förefaller som om man med dem velat ge en högtidligare stämning, något som skulle utmärka dessa rum framför andra.

Troligen har man haft hjälp av utländska mönsterböcker som under 1830- och 40-talen gavs ut och spriddes i Europa. I franska mönsterböcker hittar man draperade gardiner av den typ som finns i gula förmaket. Förebilder till de tunga gardinerna med stela kappor skurna i flikar bör sökas i tyska mönsterblad med tonvikt på Louis XIV:s stil som kan uppfattas både som historiserande och som modern. Samtidigt var man före sin tid, då de smaknormer som var knutna till barocken fick genomslag i Sverige först under 1800-talets senare del.

Sammanfattning

Vi har nu redovisat alla de fakta vi har om möbler och tyger som vi anser relevanta för att beskriva nyinredningarna. Vi försöker härnedan göra en sammanfattning hur arbetena framskridit:

Mellan 1830 och 1835 ställs minnesrummet i ordning.

1835 sätts kungssalens gardiner upp.

Mellan 1837 och 1843 inreds gula förmaket.

Mellan 1839 och 1842 inreds blå rummet. 1842 står också gula rummet klart. Sannolikt inreds det röda rummet samtidigt.

1844 kompletteras inredningen i blå, gula och röda rummen med toalettbordstäcken. Samma år anskaffas den textila utrustningen för Magnus Brahes sängkammare, gardinerna för greve Wrangels förmak, för grevens och grevinnans sängkammare samt hela inredningen för grå rummet.

PORTRÄTTEN HÄNGS OM

Det är fullt tydligt att den stora upprustningen av slottet inte bara gällde väggarnas och takens bemålning eller tillkomsten av nya möbler och textilier – det gällde i lika hög grad hur väggarna behängdes med de många porträtt som slottet innehåller. Vi ska här inte i detalj gå igenom den hängning av tavlor som blev resultatet av den stora omflyttningen. Den blev i sig ett nästan lika stort ingrepp som målningen av rummen och den nya möbleringen.

För att mycket kort beskriva den nya porträttplaceringen kan vi börja med Wrangelvåningen. Kungssalen, som tidigare hade endast fyra regentporträtt blir nu fullhängd med en serie svenska regenter och andra kungligheter från Gustav Vasa till kronprins Oskar och kronprinsessan Josefina. Detta sätt att samla kungalängden i porträtt fanns som ett ideal redan under 1700-talet, där t.ex. Tureholm i Södermanland och Edsberg i Uppland hade sin sal, resp. sitt galleri fyllda av välgjorda kopior av svenska kungar och drottningar. Det blev nästan en slags industri bland målare att förse sina beställare inom den herrgårdsägande adeln med serier av kungaporträtt.

Ser vi vidare på Wrangelvåningens uppställning av porträtt upptäcker vi ett tydligt program: Wrangels förmak fylls med porträtt av

Wrangels egen familj – hans far och mor, hustru och barn. Wrangels sängkammare blir mer eller mindre en *Salle des contemporains*, ett rum för samtida regenter från Karl Johan till ryska tsarer och kungarna av Preussen och England. Minnesrundeln har vi tidigare berört; utöver statyn i marmor av Karl Johan som guden Mars fanns en tavla av Carl Stephan Bennet föreställande Karl Johans *Lit de Parade*, ytterligare en tribut till Karl Johans ära. I det grå rummet innanför Wrangels sängkammare samlades en mängd porträtt av familjen Bielke.

Vänder vi blickarna till grevinnans svit, den symmetriskt anlagda södra delen av våningen, möter vi först efter kungssalen grevinnans förmak, där man samlat den äldre delen av familjen Brahe alltifrån Sankta Birgitta, som ansågs befryndad med tidiga Brahar, fram till 1500- och 1600-talets medlemmar av släkten som Tycho Brahe, Per Brahe d.ä. och d.y. med hustrur m.fl. Anakronistiskt finns även porträtt Magnus Fredrik Brahes två hustrur, både födda Koskull. Det är dock de gamla Braharna som dominerar, en klar parallell till Wrangels egen familj i dennes förmak. Så långt föreligger ett tydligt program av parallelliteter. Grevinnans sängkammare kunde ha erbjudit samma programmatiska tydlighet men den saknas; där finner vi endast några Ehrenstrahlsporträtt av en Stenbock och en Wittenberg samt en av Alexandersvitens stora vävda tapeter.

Går vi över till Brahevåningen upptas matsalen liksom idag av sjöstycken och holländska amiraler. Alkovsängkammaren innehåller däremot porträtt av Carl Gustaf Wrangel och hans hustru och dessutom en samling av åtta porträtt av släkten Brahe. Här är det främst, i motsats till Wrangelvåningens tidiga Brahar, släktens 1700-tals medlemmar och som krön på verket, Magnus Brahe själv i helporträtt, målat av Westin 1833. För att höja rummets anseende och betona ättens företräde återfick rummet en äldre i slottet bevarad gyllenläderstapet i blått, gult och silver som fortfarande finns på plats.

Intressant borde det då vara att utröna vilka som förärats platser i det gula förmaket i samma våning. Även här apostroferas Carl Gustaf Wrangel och hans hustru medan övriga porträtt föreställer sex franska hertiginnor och grevinnor till häst. Säreget nog har man också placerat ett föregivet porträtt av 1500-talsläkaren Paracelsus här. Sammantagna vittnar knappast dessa porträtt om ett programmatiskt tänkande i ett för sammankomster så viktigt rum.

Nåväl, hur förhåller det sig då med gröna sängkammaren, som Magnus Brahe utsett till sin egen sovplats? Här möter vi ättlingar av släkten Königsmark, men angelägnare var säkert bilden av vännen kung Karl Johan till häst i porslinsmåleri. Viktigast av allt måste dock porträttet av den tidigt bortgångna modern Ulrika Katarina Koskull ha varit, Magnus Fredrik Brahes första hustru. Vem annars borde finnas just i Magnus Brahes sängkammare, övervakande och nära? Dessutom finns ett antal tavlor med blandade, delvis historiserande motiv.

Trots några rums mer osystematiska innehåll av porträtt framträder tydligt ett program, genealogiskt uppbyggt med äldre och nyare generationer av Wrangelfamiljen och dess fortsättning i Braheätten. De äldre av dessa porträtt är koncentrerade till Wrangelvåningen, medan de yngre och mer närstående fått sin plats i Brahevåningen. Detta är helt naturligt med tanke på att Wrangelvåningen av hävd var den museala och officiella delen av slottet, medan Brahevåningen fortfarande var en privat bostadsvåning, som därför hellre fick förmedla minnen av mer närstående släktingar och vänner.

Det kanske viktigaste att framhäva i detta sammanhang är Wrangelvåningens konsekventa och programmatiska hängning av porträtten så att man skulle kunna följa slottets och ägarnas historia. Som i alla andra fall frågar vi oss: vem var regissören till detta?

I gästrumsvåningens största rum, Genève samlades porträtt av betydande svenskar i Magnus Brahes egen tid. Där fanns porträtt av bl.a. Carl Johan Adlercreutz, Johan August Sandels, Baltzar von Platen, Jöns Jacob Berzelius, Frans Mikael Franzén, Johan Olof Wallin, Esaias Tegnér och Erik Gustaf Geijer för att nämna några av de numera mest kända. Porträtten var till större delen kopior utförda av Carl Wilhelm Nordgren, en f.d. kornettist vid Livgardet till häst, där Magnus Brahe uppmärksammat hans konstnärliga anlag och gjort honom till sin »hovmålare«. Rummet Genève blev ett märkligt panteon över det tidiga 1800-talets vittra eller på annat sätt betydelsefulla personer, politiker och militärer. Dess suggestiva samtidsprakt kan upplevas på nytt genom 1994 års återställande av porträtternas hängning och hela rummets inredning enligt 1845 års inventarium. Det var just så som det utformades under Magnus Brahes fideikommissarietid på Skokloster.

I Genève, det största rummet i gästrumsvåningen, lät Magnus Brahe göra en salong som också var ett panteon med porträtt av samtida berömda svenskar. Rummet återställdes 1994 enligt 1845 års inventarium. De röda gardinerna är kopior efter dåtida original.

Vi har följt omdaningen av rummen steg för steg, detaljerna har hopats och helheten kan vara svår att uppfatta. Vi har uppehållit oss vid allt det nya som kommit till, vid ny målning av den fasta inredningen, nya möbler, möbelklädsel och gardiner. Men det är viktigt att komma ihåg att rummen på Skokloster sedan gammalt var fyllda av dyrbara antikviteter som bildade en fond åt nyheterna. Carl Nyreen betonar detta redan i sin slutsummering 1761 av beskrivningen av Wrangel- och Brahevåningarna: »NB. Utom hvad i här anförda rum är anmärckt, finnes ock många andra vackra Meubler, mäst i gammal smak, såsom Speglar, Skatuller, Bureauer, Nattygs- och Spelbord, Lampetter, ljuscronor, gueridoner, wägguhr, stutsare, Soffor m m. hvaraf en del ganska präcktigt: så at rummen i denna étage äro så meublerade, at ingen ting synes fattas.« Ordet *ganska* har här samma betydelse som det tyska *ganz*. Nyreen finner alltså de gamla sakerna alltigenom storartade.

Wrangelvåningen

Låt oss vandra genom rummen och se dem som de stod när inventariet gjordes upp 1845 efter Magnus Brahes död. Vi börjar i Wrangelvåningen. Minnesrundeln med sitt senklassiska väggmåleri och nygotiska möbel är talat nog om – den är udda medan de andra rummen har ett tydligt samband, är upprustade, som det förefaller, efter ett helt nytt program – att förstärka barockupplevelsen. Överallt finns antika möbler, i de två grevliga sängkamrarna står de magnifika sängarna från 1600-talet, glittersängen i Wrangels rum och sammetssängen i grevinnans. I båda sängkamrarna och dessutom i grå rummet hänger liksom tidigare dyrbara vävda tapeter. I de flesta rum finns mängder av antika möbler med undantag för grå rummet och röda rummet där sittmöblerna är nya. Kungssalens blå väggfärg är sannolikt ny och tavlorna som nu hänger där gör att rummet nu först gör skäl för sitt namn. Detta är kanske rummets viktigaste förändring och funktion, att beskriva Sveriges kungalängd. Som vita accenter mot all färgprakt står ännu så länge de två gipsstatyerna av Gustav II Adolf och Karl XIV Johan. Spisen har målats om, men man har lämnat den gamla eldskärmen och spisens mittmotiv orörda; de redan polykroma figurerna i taket har fått sin färghållning och förgyllning retuscherad och förstärkt. Snickerierna har getts ny lyskraft som samverkar med de fräscha gardinerna i sin lätt gotiserande utformning.

I Wrangels förmak står de båda nytillverkade nygotiska skåpen i gul björk med svarta dekorationer. De är fyllda med dyrbart konsthantverk.

Uppseendeväckande moderna är rummens textilier. Deras mönster präglas av senempirens vänliga symmetri eller av nyrokoko. Nya gardiner är anskaffade till alla rum, tunga och fodrade. De har komplicerat draperade kappor eller lambrekänger skurna i uddar, kanske med anstrykning av medeltida krigstält. Gardinerna bidrar till att ge rummen en viss högtidlighet och skärmar samtidigt av dagsljuset. Liknande tunga gardiner var på modet i historiserande miljöer i Frankrike och England, men i Sverige var det annars enkla ljusa gardiner som gällde.

Wrangelvåningen är ju den officiella delen av slottets huvudvåning, den som visades för besökande och där Wrangel- och den tidiga Brahesläktens historia kunde berättas. Porträtten hade nu hängts om, Wrangel-porträtt i grevens rum, medan de tidiga Braharna hängde i grevinnans – hon hade ju ingen egen släkt som man på ett elegant symmetriskt sätt kunde låta svara mot Wrangels.

Wrangelvåningen är ju byggd i sträng symmetri efter fransk-italienskt mönster och är sannolikt det tidigaste exemplet i Sverige på en rumsdistribution där den stora salen är placerad i mitten. Åt vardera hållet ligger därefter grevens resp. grevinnans svit, bestående av förmak, sängkammare, kabinett och garderob. För att uppleva detta bör man ju först komma in i den stora salen, d.v.s kungssalen, och därifrån bese i tur och ordning först den ena, sedan den andra sviten. Eftersom Skokloster mycket tidigt fick funktion av museum och Wrangelvåningen aldrig utnyttjats som bostad, har besökaren alltid kommit in i något av förmaken eller möjligen de rum som var avsedda till garderober. Åtminstone en av kungssalens dörrar mot korridoren var redan 1845 stängd och förhängd med Karl X Gustavs stora ryttarporträtt. Enligt alla beskrivningar från Nyreen 1761 till senaste guidebok följer besökaren samma väg och missar därför lätt den ståtligt upplagda symmetrin. 1830- och det tidiga 40-talets omdaning visar dock att man var mycket medveten om denna symmetri som framhävdes i flera av rummen genom möblemang och textilier.

Brahevåningen

De nya insatserna är större i Brahevåningen än i Wrangelvåningen. Stora sittmöblemang med långa soffor, fåtöljer och stolar har ny-anskaffats för gula förmaket och för det blå och det gula rummet. Eftersom detta är den privata våningen hänger även de sentida släkt-porträtten här. Väggarna i alkoven, slottets paradsängkammare, har klätts med ett ståtligt 1600-talsgyllenläder ur husets förråd. I alla rum har snickerierna fräschats upp med målning i förhöjd kolorit och för-gyllning, i övrigt har man inte gjort något åt väggarna, men gardiner-na är nya i många rum. Med moderna tyger har sovrummen hållits samman *en suite* på 1600-talssätt, det gäller också det grå och det röda rummet i Wrangelvåningen. Med de nya insatserna tillsammans med vävda tapeter, gyllenläder, antika kronor, speglar och porträtt upplev-de man sannolikt att 1600-talsstämningen förtätats.

Gästrumsvåningen

Här dominerar färgglädjen från målarmästare Söderbergs penslar. Rummens väggar har fått höga empirefärger, rummen växlar från aprikos, himmelsblått, kromgrönt till ljus ockra. Men det är taken i flera rum som i färg uttrycker en vildsint barockglädje, daterad 1840. Funktionen av gästrumsvåning är tydlig, i varje rum står två himmels-sängar, toalettbord och en sittgrupp. I valet av möbler har man främst sett till funktionen. Här finns ingen strävan efter en enhetlig stil, inga barockambitioner. Den stora salen i våningens mitt, Genève, är ord-nad som en salong och är samtidigt ett porträttgalleri över svenska betydande män inom politik, förvaltning, vetenskap och konst. Det är ett sannskyldigt panteon, en hyllning till Magnus Brahes samtid, kan-ske också uttryck för ett behov av jämvikt när 1600-talet framhävts så grandiost i våningen under. Till sommaren 1994 har fem av rummen i denna våning återställts till det utseende och den funktion de hade 1845.

Den stora oinredda salen, som från början var avsedd att bli slottets mest påkostade och betydande rum, lämnade man lyckligtvis som den var. I sitt ofullbordade skick har den blivit just vad som en gång var avsett, fast på ett helt annat sätt – ett av slottets mest betydande rum. Inte heller närliggande rum har blivit fullbordade.

Biblioteksvåningen

Redan när man kommer upp för sista trappan till översta våningen slås man av de glada, lysande färgerna i spännande växling som pryder kanterna av takbjälkarna. Den målningen är gjord av Söderbergs folk, och deras fortsatta arbete finner vi i raden av biblioteksrum. Dörrar har tidigare slagits upp mellan rummen så man kan se genom hela filen. Här är lågt i tak och man kan lätt studera de nymålade vackra blomrankorna avbrutna av medaljonger med landskap eller djur som pryder takbjälkarna. Väggarna är målade i ljus limfärg och de vägg-motiv som i sin barocka glans tidigare prydde väggarna har repeterats mycket fritt både till färg och form av 1840-talets hantverkare.

Bokskåpen med sina trägaller som så praktiskt låter luften komma in men håller ovälkomna händer ute, når ända upp till tak. Vi tror att de stod här omålade men fulla med böcker redan på 1820-talet och togs ner när rummen målades. De målades 1844 och kom sen på plats med sina ca 20 000 volymer.

Rustkamrarna, den ena med omålad träpanel, den andra med vit-putsad mur, förändrades inte. Redan då betraktades de som slottets största sevärdheter och hade sannolikt fått en utformning som inte fanns skäl att ändra.

Så har vi gått genom rummen och med beundran funnit att här »...är som det brukar vara bra i ordning och väl hållit«, som Magnus Brahe uttryckte saken vid ett av sina sista besök i brev till brodern 27 maj 1844. För ordningen svarade rustmästaren Isac Giers, men för omdaningen var Magnus Brahe ansvarig tillsammans med de rådgiva-re han valt, vars namn vi tyvärr inte känner. Omdaningen av rummen på Skokloster som ibland har setts som ett pinsamt epigoneri vill vi lyfta upp och se som en intressant nydaning, genomsyrad av en histo-riesyn, som kanske inte är vår, men som var ny och framåtblickande i sin egen tid.

1600-talet och det tidiga 1700-talet hade varit en tid av byggande, 1700-talets insatser koncentrerades på reparationer och vidmakthål-lande. Med 1800-talet och särskilt under Magnus Brahe kommer en explosion av nyordning, ny färgsättning och anskaffande av nya möbler och textilier men också av ett mycket stort antal antikviteter, inköpta i antikhandeln eller gåvor. Hela slottet måste under nära två decennier ha fungerat som en enda stor rangerbangård, där allting flyttades runt. Men resultatet blev också en av de största insatserna i slottets historia över huvudtaget efter byggnadsperioden, förändringar som konsthistoriker och museimän inte sett eller snarare inte velat se. Det vi möter idag är, förutom byggnadsstommen och en mängd dyrbara föremål från äldre tid, en av landets bäst bevarade 1800-talsinsatser. I så många andra slottsmiljöer har 1800-talet inredningar för det mesta utplånats inför en återgång till ett högre värderat 1700-tal.

Vad hände sen?

I Nya Dagligt Allehanda den 16 juni 1888 kan vi läsa att stora arbeten på nytt pågår i rummen på Skokloster: »Under egarens, grefve Nils Brahes, auspicier och omedelbar ledning av frih. Emanuel Cederström, den bekante konstkännaren och samlaren, begyntes nemligen då en fullständig, efter en bestämd plan företagen omändring af slottets inre, afsedd att, så vidt möjligt, återställa rum och mobilier i ett med deras ursprungliga skick eller förvaringsorter öfverensstämmande utseende.« Så omfattande lär dock inte denna förändringsprocess ha varit. Och här vill vi citera Anders Bengtsson, intendent på Skokloster, när han kommenterar Cederströms och hans efterföljares åtgärder: »Det är troligen i samband med dessa arbeten som gästrummens mera praktiskt inriktade möblering får stryka på foten. Blandningen av barock, rokoko, gustavianskt och empire tilltalade inte det sena 1800-talets smak för stilrena möbleringar. Det är vid denna tid som Geneve behängs med tapeter ur Alexandersviten och möbleras med förgyllda möbler och får det utseende rummet behållit ända till sommaren 1993. I övrigt tycks Middelburg, Paris, Tours och Toursrundeln vid denna tid ha möblerats om totalt och förlorat sin praktiska funktion som sängkammare. --- Tjugo år senare, 1930, kommer nästa stora ommöblering, genomförd av Vera von Essen i samarbete med Åke Stavenow. Denna möblering som stått kvar, med smärre förändringar, fram till sommaren 1993 var uppbyggd som en stilkavalkad från renässans till empire. När denna möblering genomfördes verkar gästrumsfunktionen helt ha förbisetts, endast i ett rum blir det en säng kvar, Antwerpen.«

Samtida och sentida
omdömen

Resenärer och konstkännare ser på Magnus Brahes
insatser på Skokloster

Många resenärer har genom århundraden vittnat om vilket djupt intryck Skokloster gjort på dem. Både svenskar och utlänningar har i tryckta och otryckta reseminnen beskrivit sina upplevelser av slottet. Vi ska här nedan uppehålla oss vid hur den stora omgestaltningen av interiörerna har uppfattats, men kan inte undanhålla en skildring som visar vilket intryck slottet gjorde dessförinnan. Vi citerar ur en rese-skildring av P. A. Wallmark tryckt 1809: »Hvad som mycket intresse-rade oss var att, sedan denna tid (Wrangels tid), ingenting blifvit för-ändradt. Man fick derigenom ett tillfredsställande begrepp om 1600-talets prakt på våra Svenska Herresäten, och det ökade ej litet mitt nöje att kunna säga mig: i denna säng har den store Fältherren sofvit, på denna stol har han suttit.« Trots att mycket ännu var ner-packat i lårar eller magasinerat har historien känts närvarande.

De insatser som sedan gjordes under Magnus Brahes tid för slottets iståndsättande och förskönande har bedömts mycket olika under tidernas lopp. Omdömena speglar en växlande inställning till Magnus Brahe och hans tid.

En fransk resenär, Xavier Marmier, som gjorde en resa genom Skandinavien 1838–1840, ägnar Skokloster flera sidor i sin reseberät-telse. Han är uppenbarligen imponerad och säger att interiörena utstrålar ännu den rikedom och storhet som man finner i alla herre-mansbostäder från medeltiden. Begreppet medeltiden står här för något som är gammalt utan att åldern preciseras. Han fortsätter: »Rummen har mist sin urspungliga friskhet. På flera ställen mörknar förgyllningen på väggarna, takens girlander bräcks och färgen på de vävda tapeterna börjar att blekna.« Inte desto mindre finns här en »manlig skönhet«. Det låter som om reparationer vore av nöden.

En ryss vid namn Bulgarin besökte Skokloster sommaren 1838, d.v.s mitt i den stora omdaningen, och han beskriver sina intryck i en reseskildring som översatts till franska i sen tid: *Promenade en Finlande et en Suède en été 1838*. Han beundrar interiören men noterar inte att reparationer pågick (kom han måhända inte in i Brahevåningen, där målarna sannolikt höll på?): »Första våningen är möblerad så som den var på 1600-talet och har fullständigt bevarat den tidens utseende.

Den återspeglar dess prakt och smak.« Och några sidor senare: »Alla möbler, bord och stolar är skulpterade som nu är modernt och som kallas gotik eller rokoko. I de andra rummen är stolarna målade i vitt eller brunt, överdragna med fernissa, förgyllda eller försilvrade.« Det måste vara de nya möblerna han sett. Imponerad av helheten utbrister han: »Vi skulle vilja råda våra möbelskapare och särskilt herrar Tur och Gambs att resa till Skokloster för att låna originalmodeller för dagens möbler. Här är medeltiden ett naturligt tillstånd och inte som på konstlade ritningar från Paris.« Man får uppfatta hans begrepp »gotisk« och »medeltid« som synonymt med »ålderdomlig«. Stilbegreppen var ännu inte särskilt utvecklade. Det viktiga är att han uppfattar slottet som både forntida och som ett föredöme för aktuell interiörkonst. Dessutom som okonstlat och äkta. Vilka de två nämnda möbelskaparna var, vet vi inte.

Den svenska samtidens officiella inställning tolkas sannolikt i följande brev till Magnus Brahe från en herr Carl D. Forsberg den 29/9 1840 i samband med överlämnandet av en gåva till slottets samlingar: »De betydande kostnader och den outtröttliga omsorg som Eders Excellens, under de sednare åren användt på detta Slotts yttre och inre försköning, liksom på ökandet och iordningsättandet af de dyrbara fornlemningar detsamma innesluter, är en gärd, ej blott åt efterkommande inom Eders Excellences Famille, men tillika en gärd åt Fosterlandet – åt hvarje svensk som älskar Förfädrens ära och bragder, och som med tacksamhet finner Salarne inom den gästvänliga Brahe-Borgen för sig stå öppnade.«

Så älskvärda var inte alla omdömen. Kamrern vid Kongl. Museum, Lars Jacob von Röök, som var en av sin tids kända skönandar och konstkännare skriver i sin dagbok 1840: »Den 30 maj reste jag med Frey (ångbåten) till Skokloster – ett vackert slott och en skön belägenhet, men som blifvit reparerat utan särdeles smak i anseende på den myckna kalk som därvid blifvit använd i tak och väggar – ett enda porträtt var vackert, och det sades vara Christian II:s dotter, jag tror det mycket yngre. Carl V:s skiöld är däremot vackert ciselerat…«. Vad han menar med den myckna kalken kan vi bara gissa – sannolikt gällde det omputsningen av gästrumsvåningen som just var färdigställd.

Det är tydligt att Magnus Brahes samtid var medveten om de arbeten som utfördes på Skokloster. I en biografi över Magnus Brahe av en okänd författare 1846, endast två år efter Brahes död, heter det: »...det sköna stamgodset Skokloster, hvilken han så väsentligen ordnat och förskönat...«. Tydligare och mer preciserat framhålls Magnus Brahes insatser på Skokloster av Octavia Carlén i hennes beskrivning *Sko slott och samlingar* (1870): »Efter honom (Carl Gustaf Wrangel) är Riksmarskalken Magnus Brahe den som gjort mest för detta präktiga familjegods, ty han tänkte både på slottets yttre och inre, lät verkställa stora behöfliga reparationer å sjelfva byggnaden och möblerade en mängd ditintills tomma rum, dels med antika möbler, dels med nya, gjorda efter äldre modell, så att de blefvo i stil med det öfriga.« Därmed säger hon faktiskt just det som vi med viss möda kommit fram till, men när hon kommer till rumsbeskrivningarna finns inte en antydan om var några nygjorda möbler stod att finna, inte ens minnesrummets nygotiska möbel nämns.

I samlingsverket *Uplands herrgårdar* (1877–81) ger C.A. Klingspor en datering: » Skokloster, som var mycket förfallet, lät han (Magnus Brahe) år 1837 undergå en fullständig restauration såväl ut- som invändigt på samma gång som han ifrigt beflitade sig om att öka samlingarna.« Det är ett positivt uttalande, men året är ju bara ett av de många som arbeten pågick. Inte desto mindre har årtalet 1837 gått igen i flera senare beskrivningar. Inte heller var slottet i så dåligt skick när Magnus Brahe övertog det.

J.A. Kjellman-Göransons häfte om Skokloster och dess historia (1860) och likaså Octavia Carléns lilla skrift om slottet (1870) döms ut helt och hållet av Olof Granberg 1903. Han anser skrifterna föråldrade och okunniga och tillägger: »Slutligen ha de vidlyftiga och oskattbara samlingarna för icke länge sedan med nuvarande fideikommissariens, öfverstkammarjunkarens grefve Nils Brahes, tillstånd så fullständigt omordnats af frih. Emanel Cederström på Krusenberg – den främste kännaren af Skoklosters samlingar och historia – att nyssnämnda böcker äfven ur rent praktisk synpunkt äro obrukbara.«

Olof Granbergs kunskaper är förvisso både större och mer tillförlitliga än Kjellman-Göransons och Carléns, men han blundar för Magnus Brahes insatser. I sin vägledning från 1904 medger han att möblerna i tornkammaren innanför Wrangels sängkammare och två skåp i Wrangels förmak är »de enda i våningen från en så sen tid som 1800-talets början.« I tredje upplagan av vägledningen (1914) bortser han t.o.m. från Cederströms nyss nämnda omändringar: »Såsom slottet nu ter sig utgör det någonting enastående tidstroget, fullständigt orubbat i sin inredning. Allt är äkta gammalt – icke en bit är 'restaurerad', med undantag af många i äldre tid misshandlade målningar. Men museum verkar slottet dessbättre inte alls – endast slott – mest 1600-tal (barock), litet 1700-tal (rokoko) och – helt litet – empire. Mycket på Sko är urblekt och förfallet, men restaureradt à la Gripsholm har slottet gudskelof icke blifvit!«

I ett litet bildhäfte, *Skokloster – bilder från slottet och samlingarna jämte kort historik* (1928) möter oss i detta sammanhang förvånande uppgifter. Slottet säges med all rätt stå tämligen orört sedan sin storhetstid med undantag av att balkongerna över huvudportalen (mot sjön) tagits bort, att den ursprungliga röda färgen bytts mot vit (vilket inte är sant) och att » invändigt har det mesta av den målade dekoreringen blivit restaurerat vid mitten av 1800-talet«. Det är värt att lägga märke till att det är första gången under 1900-talet som man medger att den invändiga målningen inte är original.

I vägledningen 1932 förenklas emellertid historieskrivningen igen och nu går man längre än tidigare. Om den nygotiska möbeln i tornrummet och de två skåpen i samma utförande heter det att de är »de enda i slottet befintliga möblerna från så sen tid som 1800-talets början«. Detta var den bild man ville ge av 1600-tals slottet – alltigenom orört men med några obetydliga tillskott från senare århundraden.

Denna inställning präglar också ett uttalande av Åke Stavenow, som kände samlingarna väl efter att ha deltagit och delvis lett katalogiseringen omkring 1930. I festskriften till Wera von Essen, *Uppländsk bygd* (1940), skriver han: »Magnus Brahe och hans tid var lyckligt fri från de komplex om stilenlighet som mot seklets slut lade sin döda hand över dem som hade att göra med äldre byggnadsminnesmärken, och oförfärat lät empiren utstråla sin kyla vägg i vägg med barockens värme och pompa« och syftar då på minnesrummet över Karl XIV Johan intill Wrangels sängkammare. Han fortsätter: »1800-talet märks för övrigt inte mycket i slottet. Det var en lugn tid som utmynnade i en bearbetning, katalogisering och uppordning av samlingarna --- en del av de rätt så tråkiga pastischerna på barockmöbler, som kommit dit under 1800-talets förra hälft, sannolikt under excellensen Magnus Brahes tid (magasinerades)« Det här sagda har kanske spetsats till för att ingå i en hyllningsskrift till Skoklosters innehavarinna, men blir märkligt när man läser vad Stavenow skrivit sex år tidigare i *Ord och Bild*: »Men det var dock förbehållet - - - excellensen Magnus Brahe att göra den sista och mest genomgripande insatsen i slottet och samlingarna«. Han syftar här på den stora mängd av högklassiga antikviteter, guld, silver porslin m.m, som Magnus Brahe inköpte eller mottog som gåvor och som berikat slottets samlingar. Vi har behövt en hel bok för att klargöra sanningen i den satsen.

Myten om det orörda slottet finns kvar så sent som i Allhems serie *Slott och herresäten i Sverige*, där Bengt G. Söderberg skriver om Skokloster: »Carl Gustaf Wrangel skapade det nuvarande Skokloster, och det står i allt väsentligt kvar sådant han lämnade det när han fördes till den sista vilan i faderns gravkor i klosterkyrkan. Det är detta förhållande som gör Skokloster till ett unicum i Europa: inte prakten och rikedomen, inte konstverken i och för sig utan den nästan absoluta ursprungligheten.« Här sällar sig Bengt G. Söderberg till tidigare skribenters syn på slottets orördhet. Man ville och kunde kanske inte heller se Skoklosters historiska komplexitet.

Våra forskningar kring slottets 1800-talshistoria har visat att Magnus Brahes insatser var mycket stora, för slottet var det ingen lugn tid. Helt säkert strävade han mot en stilenlighet, mot en enhetlighet som skulle vara ett sant uttryck för slottets historiska dignitet. Att han började med nygotik är alls inte märkligt, det var ju en stil för det »forntida«. Så mycket märkligare är att han så snart fann vägen över till ett barockuttryck – och vid det höll han fast. Denna upprustning är betydligt mer omfattande än man känt till. Den omfattade i det närmaste all invändig målning och nyanskaffning av en rad stora möblemang och textilier. Efter 1844 under brodern Nils och brorsonen Nils Claes tid upprustades slottet ytterligare, precis som Octavia Carlén säger.

I stället för att beklaga att denna nya kunskap tar bort illusionen av ett orört 1600-tal, kan vi idag glädja oss över en helt ny insikt i 1800-talets stilvilja, som på Skokloster demonstreras tidigare och mer konsekvent än som är känt på någon annan plats i Sverige.

Därmed öppnar sig också ett annat perspektiv – en idéhistorisk parallell med samtida antikvariskt tänkande i utlandet.

Europeisk horisont

Några omedelbart givna förebilder till omdaningen av Skokloster har ännu inte gått att finna. Däremot finns ett antal paralleller i såväl Tyskland, Frankrike som i England. Från omkring 1830 var intresset för historiska stilar så stort i hela Europa att mönsterböcker gavs ut som beskrev möbler i gotik, Tudor, Louis XIV etc. och för kungliga personer gjordes en rad inredningar där historiska stilar togs upp, omskapades och blandades till något nytt.

Magnus Brahes kontakter sträckte sig sannolikt främst till Frankrike och Tyskland. Genom flera resor var han också bekant med hovet i Sankt Petersburg. London besökte han hösten 1834.

Genom kronprins Oskars giftermål med prinsessan Joséphine av Leuchtenberg öppnades en kontakt med hovet i München, ett av samtidens estetiskt mest medvetna och aktiva i Europa. Joséphine var dotter till Eugène de Beauharnais, som var son till kejsarinnan Joséphine i hennes första gifte och därmed styvson till Napoleon. Prinsessan Joséphines mor, Augusta Amalia av Leuchtenberg var dotter till kung Maximilian I av Bayern och syster till Ludvig I. Dessa båda kungar lät bygga ut München till en storstad, de byggde institutioner för konst och vetenskap, öppnade museer för folket och lät lägga ut de två huvudgatorna, Ludwigstrasse i ren klassicism och Maximilianstrasse i gotik och andra romantiska stilar. Residenset, så kallades den kungliga borgen, fick nya inredningar, bl.a. av arkitekten Leo von Klenze. I denna estetiskt medvetna miljö växte prinsessan Joséphine upp och även om hon bara var 16 år, då hon kom till Sverige 1823, följde hon utvecklingen i hemstaden.

Också kronprins Oskar var i högsta grad historiskt och estetiskt intresserad. När han 1829 lät göra ett rum på Stockholms slott i gotisk stil, införde han något nytt i Sverige som då var aktuellt på kontinenten. Magnus Brahe umgicks vid denna tid vänskapligt med kronprinsen. Oskar och Josefina – så försvenskades hennes namn – kom ju nästan varje sommar till Skokloster och medförde, som tidigare nämnts, flera gånger hennes släktingar från München.

Genom tradition och genom det dagliga umgänget med Karl XIV Johan stod sannolikt Frankrike och dess kultur Magnus Brahe närmast även om han i flera brev uttrycker avsky för fransk politik. Som ung hade han 1809–10 följt sin far till Paris och insupit fransk kultur i nära anslutning till det napoleonska hovet. Han kan inte ha varit omedveten om de stora nyinredningar som gjordes under borgarkonungen Louis Philippes tid, då prakten från Ludvig XIV på nytt väcktes till liv i inredningar i Versailles och Fontainebleau. Det var Frankrikes storhetstid som lyftes fram i dessa inredningar och det finns en idéhistorisk parallell i Magnus Brahes ambitioner, fast i mycket mindre skala och i anspråkslösare form, att på Skokloster lyfta fram Sveriges motsvarande stormaktstid.

Vad Sankt Petersburg hade att bjuda har vi inte kunnat studera. Staden var en huvudstad av europeiskt snitt, dit arkitekter och konstnärer inkallades från de stora länderna i Europa. Magnus Brahe besökte staden och det ryska hovet sju gånger. Fanns motsvarande ambitioner realiserade där och vad såg han?

Genom vem och hur Magnus Brahe fick information om vad som hände i utlandet beträffande inredningar vet vi inte. Det kan dock vara av intresse att i korthet presentera vissa paralleller.

Utländska paralleller

Sett från en internationell synpunkt är den historiserande upprustningen av Skokloster på 1830–40-talen inte något uppseendeväckande. Men i Sverige var det något nytt. Att kartlägga och försöka tolka intentionerna och händelseförloppet är en konsthistorisk uppgift som ingen tidigare givit sig i kast med. Ämnet har sannolikt inte uppfattats som intressant nog. När medvetenhet funnits har man sett 1800-talets upprustning av Skokloster mer som en pinsam historieförfalskning än som en märklig idéhistorisk nyorientering.

Som tidigare sagts har det inte varit möjligt att finna en direkt förebild, sannolikt fanns det inte heller någon. Att ge en ny byggnad ett ålderdomligt utseende är känt från 1700-talets mitt, då man vurmade för medeltiden och framför allt för gotiken, t.ex. Strawberry Hill och Fonthill Abbey i England. Man lät rentav bygga nya ruiner som Löwenburg vid Kassel och Franzensburg i Laxenburgs park vid Wien. Ännu på 1820-talet byggdes nya palats i gotik (Babelsberg vid Potsdam) och ruiner efter medeltida borgar kunde byggas upp igen i gotik men med modern komfort, fast inredningen hade drag av nygotik, ibland av barock (Stolzenfels vid Rhen, Hohenschwangau i bayerska alperna). Medeltida hus berövades sina senare inredningar och återfördes till en gotik som man gärna ville tro var lik den som en gång varit (Schloss Anif nära Salzburg). I England och Skottland blev »the learned antiquarian« ett begrepp under inflytande av Walter Scotts romaner. Samlare koncentrerade sig på medeltida rustningar, vapen och målade glasfönter som gärna installerades i en gotiserande miljö.

På 1820-talet och främst på 1830-talet förändrades intresset så att man i England samlade konstföremål och möbler i Tudor-stil, helst från Elisabet I:s tid medan Louis XIV var den stil som väckte störst intresse i Frankrike. Skoklosters första nya inredning gick i nygotik, det gällde som vi tidigare sagt ett nygotiskt möblemang i minnesrundeln. De därefter gjorda inredningarna närmar sig steg för steg en svensk barock. Nytillverkningar, ombyggnad av möbler och inköp av antikviteter – allt detta på Sko har sina samtida paralleller utomlands. Det var rentav så allmänt att en nutida internationellt känd specialist på området, Colombe Samoyault-Verlet, har kunnat säga: »Vid restaurering av gamla slott, kungliga eller inte, fanns i hela Europa en otvivelaktig önskan att återmöblera dem i byggnadens stil, antingen den var byggd i gotik, renässans eller först och främst i Louis XIV, Louis XV eller Louis XVI.« Och hon tillägger att det fanns en önskan om enhetlig stil men kunskapen om de historiska stilarna var ännu inte fullt utvecklad och många misstag begicks.

Utländska mönsterböcker från 1830-talet visar ett stort intresse för det man kallade Louis XIV-stilen. I ett förord 1837 till *Vorbildern für Fabrikanten und Hantwerker* av Peter Beuth och Karl Friedrich Schinkel (3:e uppl., 1:a uppl. 1821) finner vi en lamentation över modenycker och överlastad stil: »Folk i England som snabbt blivit rika, vill ge sken av att omge sig med ärvda rikedomar. --- I Frankrike«, säger dessa tyska författare spefullt, »anser man en restaurering som ofullbordad utan ett nytt möblemang i Ludvig XIV:s smak. Nu har detta nya mode kommit över oss och t.o.m. målare tror att deras mytiska eller bibliska framställningar är förfelade utan en ram i barock.«

När vi nu väljer att presentera ett antal herresäten som på ett eller annat sätt genomgått en förvandling i historiserande syfte och därmed erbjuder paralleller till Skokloster, lyfter vi först fram ett samtida exempel i England. Detta trots att Magnus Brahe och hans krets inte tycks ha haft nära kontakter där. Det var nämligen i England som det började, inte minst genom Walter Scotts inflytande. Genom Clive Wainwrights forskning har det idéhistoriska komplexet belysts.

England

Charlecote Park erbjuder en på sätt och vis märklig parallell till Sko-kloster. Detta herresäte i Warwickshire byggdes på 1550-talet för sir Thomas Lucy. Shakespeare var som ung inblandad i tjuvskytte på godsets mark och använde sedan sir Thomas som förbild för en av rollerna i The Merry Wifes of Windsor. Elisabet I gästade huset två gånger. Dessa händelser och ett besök av Walter Scott övertygade Charlecote Parks ägare, George Hammond Lucy som ärvt stället 1823, om att han skulle kasta ut inredningarna från 1700-talets slut. De hade ersatt de elisabetanska originalinredningarna och ersattes nu i sin tur av något som Clive Wainwright kallar »Elizabethan Revival style«. Samtidigt befanns huset för litet och en tillbyggnad av en matsal och ett bibliotek gjordes. Ett dyrbart porträtt av drottning Elisabet inköptes tillika med en kista på ben som enligt dåtida uppgifter varit en gåva av drottningen till en av hennes gunstlingar. Med dessa nyinköpta antikviteter »legaliserades« de nya inredningarna med sina stucktak, utsökta paneler och rikt ornerade bokhyllor. Ingen kunde undgå att se att det var fullständigt nya och moderna rum men man kunde uppleva dem som historia. Matsalen, inredd 1838, har stolar med spiralsvarvade ben och klädsel av pressad röd ylleplysch, lustigt nog av precis den sort som i början av 1840-talet inköptes till Skoklos-ter. Både matsalen och biblioteket liknar mer de tunga och mörka interiörer som blev moderna c:a 30–40 år senare och möblemangen går närmast i en stil som vi nu kallar för nybarock. Det elisabetanska intrycket hade förstärkts och 1700-talet med alla de förändringar det medfört hade utplånats.

Dessa rum är idag fullständigt bevarade och huset ägs och vårdas av the National Trust.

Walter Scott nådde stor berömmelse, inte bara med sina romaner utan också på grund av sitt hem, Abbotsford i Skottland. Han förvandlade det från en bondgård till ett stort herresäte i gotisk stil och han fyllde det med rustningar, vapen, målade glasfönster och ålderdomliga möbler. Även den engelska medelklassen greps av en mani att samla antikviteter, som man gärna kallade »Elizabethan«. I det tycks man ha inbegripit även sengotik och barock. Antikhandeln blomstrade, snickare och designers gjorde nya möbler i en tung historisk stil med rika utskärningar. En mycket spridd encyklopedi i arkitektur-

Matsalen på Charlecote park, Warwickshire, inredd 1837 i en stil som uppfattades som vore den från Elisabet I:s tid.

Sällskaps- och musikrummet på slottet Stolzenfels vid Rhen inreddes omkring
1840 med hög panel med gotiska former, stolar av barockkaraktär och gardin-
kappor som ger associationer till medeltid. En serie akvareller av Caspar Scheuren
1847 skildrar den nyuppförda borgen befolkad med människor i 1500- och
1600-talsdräkter på samma sätt som Billmarks något senare litografier från
Skokloster. Stoltzenfels, en borgruin med vidunderlig utsikt över Rhenfloden,
byggdes upp som romantiskt gotiskt sommarslott efter ritningar av K.F. Schinkel
m.fl. för kronprins Fredrik Wilhelm (IV) av Preussen. Hans gemål Elisabet av
Bayern var, fastän nästan jämnårig, moster till drottning Josefina av Sverige, som
alltså måste ha känt väl till Stolzenfels.

och inredningsfrågor av J. C. Loudon (1833) varnar för denna stil som passar bättre hos samlare än i ett kultiverat hem. De äkta antikviteterna var oerhört eftersökta och uppfattades som hörnstenen i en »aristokratisk« inredning. Samtidigt fanns en vurm för »Old French« eller »Tous les Louis«, d.v.s. möbler i stil från Ludvig XIV:s, XV:s eller XVI:s tid, rikt skurna och förgyllda och använda för budoarer och salonger. Samme Loudon skriver i sin encyklopedi att det under en tid importerats mycket spislar, paneler, skurna ornament och möbler från franska slott för att användas i hus som är byggda i elisabetansk stil. Å ena sidan en medveten nationell hållning – naturligt vis under påverkan av Walter Scott – och å andra sidan en internationell elegans.

Tyskland

Tyskland var ju vid denna tid delat i en mängd stater med regerande furstar som alla hade sina furstehov. Wittelsbacharna i Bayern var en furstesläkt med stora ambitioner när det gällde att bygga. Vi har tidigare nämnt München som en stad med en avancerad och stilbildande arkitektur. I det bayerska alplandskapet fanns liksom vid Rhenfloden ruiner av borgar. En bayersk sådan var Hohenschwangau som på 1100-talet varit centrum för s.k. Minnesänger, riddartidens höviska diktare och sångare. Sedan ägarsläkten »die Schwangauer« dött ut på 1400-talet, förföll borgen. Ytterligare förstörelse kom med Napoleons krig. På grund av sitt härliga läge – och säkerligen också sin romantiska historia från riddartiden – köpte kronprins Maximilian av Bayern (senare Maximilian II) ruinen och byggde upp borgen med ett romantiskt medeltida yttre och trivsamma beboeliga rum i det inre.

Arbetet utfördes under åren 1832–36. Rummen är låga och ljusa med hänförande utsikter från varje fönster. Färgstarka väggmålningar dominerar och ger sitt namn och sin prägel åt nästan varje rum. Målningarnas motiv är hämtade från tyska riddarsagor, bl.a. från sagan om Lohengrin. Men där finns också motiv ur renässansdiktaren Torquato Tassos *Det befriade Jerusalem*. Målningarna är skulpturala och har den höga färgskala som det sena empiremåleriet ofta har. De är gjorda av Moritz von Schwind, dennes elever och andra tyska och schweiziska konstnärer.

De platta innertaken är dekorerade med gotiskt masverk i tunn relief. Möblerna är samtida och bär senempirens prägel: ljust trä, kraftfulla och stabila till sin konstruktion men inte uppseendeväckande stora, många är dekorerade med gotiska motiv. Rummen känns ljusa, färgrika och representativa för just 1830-talets inredningskonst.

I Schloss Hohenschwangau är det litterära motivet ledande. Den medeltida borgen har bragts till liv igen och från dess väggar påminns man om de gamla riddarsagorna. Borgens egen historia blir grunden för den romantiska inlevelsen. Här växte Ludvig II upp och insöp sagor och legender, han som skulle bygga det ofattbart stora och komplicerade Neuschwanstein som en dröm om medeltiden och Lindenhof som skulle jämställas med de kungliga praktslotten från franskt 1600-tal.

Ett annat exempel är borgruinen Stolzenfels vid Rhen, som den preussiska kronprinsen Fredrik Wilhelm (IV) med K.F. Schinkels hjälp lät bygga upp till ett romantiskt sommarslott i slutet av 1830-talet. Dess inredningar präglades av medeltidssvärmeri, nygotik och en spröd nybarock.

Frankrike

Napoleon omgav sig med en helt ny slags inredning som uttryckte makt. Efter hans fall och Bourbonernas återkomst på tronen var det naturligt att också i inredning återknyta till den äldre historien. Men den verkliga nyorienteringen kom först med julimonarkin och Louis Philippes trontillträde 1830. Louis Philippe var passionerat intresserad av historia. I alla de slottsrestaureringar som han lät utföra var historien alltid närvarande, i Saint-Cloud, Tuilerierna, Fontainebleau, Compiègne och Trianon och givetvis i Versailles, som han byggde ut och delvis gjorde till ett nationellt museum. Principen var att ge varje slott – eller ibland en del av det – tillbaka sitt historiska innehåll och sin historiska identitet.

På grund av den förstörelse som gått ut över de franska kungliga slotten under revolutionen var detta inte alldeles lätt. Visst fanns gamla möbler och konstföremål kvar i le Garde-Meuble – så kallades den franska husgerådskammaren – men på intet sätt i tillräckliga mängder. Följden blev att skickliga hantverkare kopierade äldre möbler för att man skulle få tillräckligt antal eller byggde om dem på olika sätt.

Colombe Savoyault-Verlet som specialiserat sig på de kungliga

Prinsessan Maries salong i Tuilerierna i Paris, målad 1842 av Prosper Lafaye på uppdrag av kung Louis Philippe. Salongen som ställts i ordning på 1830-talet ansågs vara genomförd »i sträng gotisk stil« och mycket artistisk. Kassettaket är emellertid i någon slags renässans och stolarna i barock, men de målade glasfönstren ger en medeltida stämning, prinsessan själv läser en illuminerad handskrift och på sockeln står en staty av Jeanne d'Arc. På golvet en heltäckande modern matta. Musée national des châteaux de Versailles et de Trianon.

franska slottens möblering framhåller året 1835 som tidpunkten för ett nytt synsätt för historismens inredningar i Frankrike. Det innebar att en ny inredning skulle korrespondera med den historiska betydelse som rummet ansågs ha. Ett för oss intressant exempel är Madame de Maintenons våning på Fontainebleau som möblerades upp 1836. Hon var ju en historisk person och en gång Ludvig XIV:s förtrogna. Endast ett fåtal av de ursprungliga möblerna fanns kvar. För stora salongen inköptes därför i antikhandeln åtta »gotiska« fåtöljer, i själva verket från Ludvig XIV:s tid, i två olika modeller (ännu ett exempel på den växlande och osäkra betydelsen av ordet *gothique*). De kompletterades med kopior, två nygjorda fåtöljer och en soffa i Louis XIV-stil, utförda av den kände möbelsnickaren Jacob-Desmalter. De nya möblerna blev nästan tre gånger dyrare än de antika. Ett Boulle-skrivbord sattes mitt i rummet och »förskönades« med ornament och dekor på alla sidor. André-Charles Boulle (1642–1732) var en av sin tids mest uppburna möbelsnickare. Den s.k. Boulle-tekniken bestod av fanérläggning med sköldpadd och inläggningar av tunna mässingslister. Möbler i denna teknik gjordes under hela 1700-talet men fick ett uppsving på 1830–40-talen i och med vurmen för Ludvig XIV:s tid. Man kan tolka det som en längtan till och identifikation med en period av fransk storhet före de förnedrande nederlagen och Napoleons fall.

I det stora Apollogalleriet i Saint-Cloud stod sedan Napoleons tid en rad biblioteksskåp mellan de många fönsterna. De var dels i Boulle-teknik, dels i lackarbete. 1839 byggdes ett antal av dem om för att alla skulle få samma höjd och flera nya skåp tillverkades. Hantverksskickligheten var hög och det var ointressant om möbeln var en antikvitet eller en kopia. Stilen var viktigare än autenticiteten.

Mellan dessa dyrbara franska inredningar och Skoklosters i alla avseenden enklare sådana, finns klara paralleller: anpassning till byggnadens ålder, användande av vissa äldre möbler som kompletterades med kopior, ombyggnad av andra äldre möbler för att de skulle passa i stil, strävan efter enhetlighet och kompletterande inköp i antikhandeln. Det som är anmärkningsvärt här är den nästan obefintliga tidsskillnaden. 1835 är satt som märkesår för en ny attityd till inredningen av de franska slotten. Strax efter 1830-talets mitt genomförs restaureringen på Skokloster efter samma principer.

Mönsterböcker och mönsterförlagor

Redan under sent 1700-tal och tidigt 1800-tal utgavs linjetecknade mönsterblad tillsammans med vissa modetidskrifter eller som mönsterböcker. Vi kan påminna om böcker som *Receuil de Décorations intérieures* av Percier & Fontaine (1801) eller *Household Furniture* av Thomas Hope (1807), böcker som banade väg för napoleontidens tunga kejsarstil, respektive en grekisk klassicism. I båda fallen var det skapande konstnärer som på grundval av antikvarisk lärdom gav ut blad som fick avgörande betydelse för europeiska inredningsideal.

Från omkring 1830 möjliggjorde nya litografiska tekniker en enklare bildframställning och en mängd nya mönsterböcker gavs ut i Tyskland, Frankrike och England. Därmed spriddes nya tendenser inom inredning och mode snabbare än tidigare. Mönsterböcker för möbler och tapetserararbeten gavs ofta ut av snickar- eller tapetserarmästare eller av lärare vid hantverksskolor. Inte sällan kopierade de varandra. En av de bättre och mest inflytelserika tidskrifterna var *Journal für Möbelschreinern und Tapezierer*, utgiven i Mainz av Wilhelm Kimbel mellan åren 1835 och 1853. I utformning och format återgår den på ett i Tyskland ofta använt franskt arbete, *Meubles et Objects de Goût* som utgavs i Paris åren 1802–35 av de la Mésangère. Två blad hos Kimbel är kopierade efter en engelsk mönsterbok, Henry Shaw's *Specimens of Ancient Furniture* (1836). Detta visar något hur förlagorna spriddes. Hos Kimbel möter vi hela det komplicerade formspråk som präglar den tidens möbler. En lugn förfinad klassicism finns sida vid sida om möbler i nygotik t.o.m 1837. Under följande år kommer former som påverkats av renässans och rokoko. Där finns möbler i många blandformer som inte går att karakterisera med vanliga stilbegrepp. Det förekommer också rikt förgyllda skulpterade möbler i någon slags fransk fantasibarock. Den tyske forskaren Georg Himmelheber som arbetat med mönsterförlagor och deras källor, förklarar behovet med att den period av romantisk historism, som tog vid efter biedermeierepokens slut, krävde kunskaper om andra stilarter. Man behövde helt enkelt läroböcker enligt nya smakriktningar. Utan att påstå att Kimbels tidskrift eller några andra mönsterförlagor utnyttjades vid möbeltillverkningen för Skokloster, är det angeläget att visa att sådana fanns tillgängliga och vi vet att de användes i Sverige.

De stora festtågen

Att leva sig in i historien, att konkret och sinnligt gestalta den med sin egen kropp och sina sinnen – hur kunde detta uttryckas bättre än i de historiska festtågen? Dessa festtåg var en lek med tiden. Stora förmögenheter lades ned på att kopiera rustningar och kläder för ett enda sådant tillfälle. 1835 hölls inte mindre än sex stora historiska festtåg i staden München. Kung Ludvig I av Bayern engagerade konstnärer för dräkter och arrangemang. Ett av tågen gick tillbaka på motiv ur Walter Scotts roman *Quenten Durward*, i vilket Ludvig XI, Karl den djärve och Jeanne av Frankrike figurerade. Walter Scotts romaner hade nämligen en oöverskattad betydelse för historieintresset. De gav impulser att i miljö och dräkt leva sig in i det förflutna, gärna genom att man identifierade sig med historiska händelser och personer.

Det mest berömda festtåget var emellertid Dürerfesten 1840 i München med 600 deltagare i dräkter. Temat var kejsar Maximilians och Albrecht Dürers möte. Dürer var en idealgestalt i tysk romantik; hans konst var aktuell vid denna tid. Detta möte ägde visserligen rum i Nürnberg. Staden med dess blomstrande konst omkring 1500 såg man nu som en parallell till München av 1840, den enda tyska stad som kunde göra anspråk på att vara en konstens huvudstad.

I festtåget gick borgarna och skråna med Dürer, landsknektar och svenner med kejsaren. Sist kom en allegorisk del med Venus, Bacchus, Diana med vildmän och bergakungen själv. Konstnären E. N. Neureuther förevigade tågets »skönhet och historiska sanning« i en gravyr, där mötet mellan kejsaren och konstnären är mittmotivet kring vilket de deltagande bildar en myllrande ram. Det är självklart att kronprinsessan Josefina underrättades om dessa begivenheter där hennes släktingar deltog. Magnus Brahe anordnade aldrig något festtåg och så vitt vi vet deltog han heller inte i något. Som konstform var sannolikt festtåget alltför lekfullt för honom, allvarsman som han var. Det kan därför tyckas långsökt att nämna dem här, men de beskriver bättre än något annat hur man vid denna tid, särskilt i hov- och konstnärskretsar, levde sig in i historien.

Det historiska festtåget gav konsten en ny funktion och ett erkännande åt konstnärerna som här kom att stå i centrum. Konstnärerna gjorde dräkter och arrangerade tågen, dräkterna gick tillbaka på bilder av gamla mästare och slutligen slöts ringen genom att konstnärer

Stolar med drag av fransk guldbarock finns tillsammans med möbler i senempire, nygotik och nyrokoko i en svensk handritad mönsterbok från 1840-talets början. Förebilderna har hämtats från tryckta utländska mönsterböcker. Hela boken visar ett för tiden typiskt sökande efter olika uttrycksmedel. Nordiska museet.

avbildade tågen och ofta enskilda deltagare i dem. Både de medverkande och åskådarna gavs tillfälle att på ett lustfyllt sätt låta sig kittlas av historien. Sådana festtåg arrangerades också i andra städer och särskilt intensivt under 1830–40-talen. Därifrån löper många trådar. Karl XV:s historiska maskerad på Ulriksdal 1861 och de stora utställningarnas »gamla städer« under 1800-talets senare del med upptåg av folk i historiska dräkter kan ses som en direkt efterföljd.

Historiemåleriet

Från de avbildade festtågen till historiemåleriet är vägen inte lång, men medan festtåget hade mycket av lek över sig var historiemåleriet något oerhört allvarligt. De motiv som togs upp ur det förflutna hade alltid en förtäckt aktualitet, var ett budskap, en uppmaning till kamp för frihet, utgjorde en parallell till t.ex. en samtida politisk orättvisa eller idealiserar en historisk person med förtäckt syftning på en samtida. På samma sätt verkade ju också 1800-talets operakonst. Historiemåleri hade funnits sedan 1600-talet – om man nu inte vill räkna renässansens framställningar av Jesu liv som sådant. Med det tidiga 1800-talets historism och antikvariska intresse får det en ny karaktär. Så blomstrar historiemåleriet i Italien på 1820-talet och används som förelöpare till nationalstatens enande. Ett huvudverk anses vara Karl VIII:s intåg i Florens 1494, målad 1827–29 av Guiseppe Bezzuoli (1784–1855) . Tavlan, som finns i Palazzo Pitti i Florens, karakteriseras av en utarbetad historisk realism i miljö, kläder, vapen och mundering. Motivet, som kunde ha setts som den franske kungens seger över

Historiemåleri på Skokloster. Mauritz Samuelsons målning »Konung Gustaf Adolf då han tager afsked af sin gemål i staden Erfurt« fanns på slottet redan under Magnus Brahes livstid.

florentinarna, tolkades som återinförandet av en kristen monarki, d.v.s. just vad många italienare hoppades på. Det för oss märkliga är att Johan Gustaf Sandbergs (1782–1854) fresk, Gustav Vasas intåg i Stockholm midsommardagen 1523 erbjuder en slående parallell till Bezzuolis målning som Sandberg aldrig sett eftersom han inte fick möjlighet att studera i Italien. Sandberg utförde sin freskmålning sommaren 1834 i det gustavianska gravkoret i Uppsala domkyrka efter flera års förberedelser. Också den unge Gusta Vasa som samlar svenskarna till ett folk kunde ses i överförd bemärkelse. Det var inte bara med Gustav II Adolf eller guden Oden som Karl XIV Johan gärna identifierade sig. Det finns andra konstverk som visar att han inte var främmande att se sig som en like till Gustav Vasa, mannen som kom för att ena Sverige.

Den franske historiemålaren Paul Delaroche (1797–1856) gjorde 1834 en stor målning som framställde mordet på hertig de Guise 1588, vilken tolkats som kritik över sammansvärjningen mot den franske kungen Karl X och avsky över orättmätigt maktövertagande (julirevolutionen 1830 och Louis Philippes makttillträde). Det är den tyske konsthistorikern Herwarth Röttgen som gjort dessa tolkningar som – om de är riktiga – ger historiemåleriet en djupare dimension.

De många riddarmotiven i tyskt måleri skulle tyda på en önskan om att återuppliva en romantisk-feodal kristen samhällsbildning. I Karl Friedrich Schinkels målning »En medeltida stad vid en flod« (1815), lysande analyserad av Helmut Börsch-Supan, skildras hur en furste med stort följe återvänder från ett segerrikt krigståg. Processionen strävar upp mot slottet på höjden. Nära det ligger den solbelysta katedralen, från vars ena torn, fortfarande under byggnad, en vimpel med den tyska örnen vajar. Tornen alluderar på Kölnerdomens spiror som samtidigt var under byggnad. Katedralen står som en symbol för medeltiden och det en gång enade tyska riket. Målningen är en hyllning till kung Fredrik Wilhelm III som året innan återvänt från ett krigståg. Det är hans vapen som vajar över katedralen och tavlan uttrycker en förhoppning om att krona och kyrka tillsammans ska ena det tyska riket.

Holländarna har samtidigt ett betydande historiemåleri som heroiserar deras storhetstid under det sena 1500-talet och 1600-talet. Det är tydligt att historiemåleriet kunde användas i både radikalt och djupt konservativt syfte.

Vi nämnde nyss en fresk av Johan Gustaf Sandberg i Uppsala domkyrka. Den ingår som bekant i en serie utförd under åren 1833–38. Flera motiv till freskerna är hämtade ur Anders Fryxells *Berättelser ur Svenska Historien till ungdomens tjänst*, som började utkomma 1823. Fryxells framställning är frisk och naiv, gärna personcentrerad, dramatisk, sentimental eller upprörande och naturligtvis ämnad att väcka fosterlandskärleken hos läsarna. Sverige var genom förlusten av Finland och unionen med Norge plötsligt en ny nation som krävde ett stöd i sin delvis famlande nationella identitet.

Svenskt historiemåleri hade funnits före Sandberg. År 1797 var prisämnet på Konstakademien »Gustaf II Adolfs samtal utom rikets gräns med Johan Banér för att i honom försona en fiende och vinna en vän« och 1808 »Karl XII dikterar för sin sekreterare, då en bomb slår ner i rummet bredvid«. Målaren Johan Holmbergsson (1804–35) brukar nämnas som den mest framstående bland det tidiga 1800-talets historiemålare. J. Ch. Boklund (1817–80) som skildrade scener ur Gustav II Adolfs liv redan på 1840-talet blev senare professor i måleri vid Konstakademien och lärare för nästa generations stora historiemålare.

På Skokloster är historiemåleriet dessvärre inte särskilt väl företrätt. 1845 fanns två historemålningar placerade i gula rummet, »Konung Gustaf Adolf då han tager afsked af sin gemål i staden Erfurt« , målad av Mauritz Samuelson (1806–72), samt »Konung Gustaf Adolf i affären vid Steem, då han räddas från Kroaten af Grefve Eric Sop« utförd i Paris av Theodor Lundh (1812–1896). I rummet Tours i gästrumsvåningen hängde vid samma tidpunkt en historiebild »Konung Eric XIVde då han är i fängelstornet på Gripsholms slott«, kopia efter J. G. Sandberg. Det förefaller ha varit allt, men i Magnus Brahes konstsamling i Stockholm fanns, enligt auktionskatalogen 1845, en gravyr föreställande slaget vid Lützen efter den tyske historiemålaren Feodor Dietz samt två litografier, den ena med motivet »Gustaf II Adolf liggande död på valplatsen« den andra med Gustav Adolfs-monumentet vid Lützen. Om Magnus Brahes intresse för Gustav II Adolf råder inte något tvivel.

Det verkliga genombrottet för svenskt historiemåleri kom ju först senare. J. Fr. Höckert (1826–66), C. G. Hellqvist (1851–90) och Gustaf Cederström (1845–1933) förde med historisk noggrannhet och nationellt patos det svenska historiemåleriet till sin höjdpunkt under 1870- och 80-talen. Det var historismens stora tid då nybarock och nyrenässans präglade inredning, möbler och konsthantverk. Det var en historism som på ett märkligt sätt fördjupade och upprepade vad som påbörjats under 1830-talet.

Andra konstarter

Också musiken sökte sig tillbaka. Det finns en klar nybarock tendens i Felix Mendelssohn-Bartholdys (1809–47) arbeten från 1830- och 40-talen. Mendelssohn skriver små stycken i ren barockstil och söker väcka intresse för Bachs stora produktion. Flera av hans verk utgår från inträngande studier i barockens formvärld, fram till dess en föga noterad musikalisk konstform. Johannes Brahms (1833–97) växte upp med detta och genomför sina övningar i Bachs efterföljd under 1850–60-talen.

Den historiska berättelsen blev under 1820-talet en populär litterär genre som huvudsakligen hämtade sina motiv från medeltiden. Riddarsagor, klosterrov, skräck, sägner och mystik gjorde berättelserna rafflande (Walter Scott, Sainte-Beuve, Victor Hugo). En motsvarande numera bortglömd litteratur fanns också i Sverige, särskilt på 1830-talet. Arne Losman har i sin bok *I grevarnas tid* pekat på två historiska romaner med motiv som måste ha intresserat Skoklosters ägare: Gustaf Henrik Mellin skrev romanen *Gustaf Brahe* (1832) och Karl Anders af Kullberg romanen *Carl Gustaf Wrangel* (1833), nu helt glömda.

Magnus Jacob Crusenstolpe skrev flera stora romaner med motiv ut svensk historia, där fiktion och sanning blandas på ett förrädiskt vis. Mest känd är *Morianen*, sex band 1840–44, där Lovisa Ulrikas svarte tjänare Badin är det sammanlänkande kittet. Crusenstolpe hatade Magnus Brahe och det var säkert med avsikt han framställde Erik Brahe som obegåvad och andryg och – helt ohistoriskt – lät Badin förråda Brahe, som följdriktigt miste huvudet. Crusenstolpe skrev också samtidshistoria. I Karl Johan och svenskarne, fyra band 1845–46, skonade hans elaka penna vare sig kungen eller Magnus Brahe. Anders Fryxells *Berättelser ur Svenska Historien* hade däremot, som vi nyss nämnt, ett motsatt syfte, nämligen att stärka ungdomens fosterlandskärlek.

Genom att lägga samman exempel, alla från samma tid som arbetena på Skokloster, får man en bild av hur historiemedvetandet växte och verkade i olika riktningar och hur betydelsefullt det var.

På båda sidorna om Kanalen hade man redan under 1700-talets senare del satt sig in i gotikens väsen och dess speciella formgrammatik. Nu på 1830-talet var det i huvudsak 1500-talet och Tudor-tid som stod i focus i England, särskilt när det gällde inredning, i Frankrike var det Ludvig XIV:s tid och i Sverige vår stormaktstid. Inom arkitektur och rumsinredning blev Historien under 1800-talet en ny funktion, lika viktig som andra praktiska eller smakmässiga hänsynstaganden. Man förflyttade sig bakåt i tiden; miljö och dräkt, litteratur, konst och musik samverkade och blev en tidsmaskin som förde 1830- och 40-talens godsherrar tillbaka till en behaglig tid då deras ställning inte var ifrågasatt. Det var en lek med tiden, en högst allvarlig lek för vilken inga kostnader eller uppoffringar var för stora.

Att företräda
historien

Tegnér har sagt om sin samtid att man hade en vulkan under sig, och förvisso var det en tid av uppbrott och oro. Franska revolutionen var i var mans minne och revolutionerna 1830 och 1848 skakade ju Europa, och fast de tog sig lugnare uttryck i Sverige jäste sinnena. Pressen fick ny makt genom de många tidningar och pamfletter som snabbt piskade upp opinionen eller kom med skvaller och personförföljelse.

Rikedom bestod inte längre bara i innehav av stora gods. En ny köpmannaklass etablerades och där växte de nya stora förmögenheterna fram. De rika köpmännens döttrar blev ofta eftersökta äktenskapspartner för adeln, som behövde pengar till underhåll av sina gods och till en dyrbar livsföring. Plutokratin tyckte sig genom dessa föreningar få del av den kulturella glansen. Adelsskap betydde fortfarande mycket för tillträde till hovet och för att nå eftertraktade ämbeten. Men utan tvivel kände adeln sin ställning hotad av den anstormande nya tiden.

Adeln var ju inte heller enhetlig. Redan på 1600-talet med dess många nya adelsskap – det gällde framför allt officerare och ämbetsmän – skilde man på gammal och ny adel. Att den gamla adeln, där ätten Brahe innehade rangen av nummer ett – ansåg sig stå för tradition och börd och såg den nya adeln som uppkomlingar är inte svårt att förstå. Men både inom den nya och den gamla adeln fanns stora rangskillnader mellan de högadliga – grevar och friherrar – och de som var utan titel. Gods och förmögenhet var givetvis ojämnt fördelat bland adeln som hos andra.

Adelns ställning under denna tid av omvälvningar tål att resonera om. Det känns som om den stod *en garde* mot det nya samhället, beredd att på olika sätt försvara sin ställning. Att vara högadlig med stora gods och viss förmögenhet gav en priviligerad ställning och tillträde till hovet, ämbeten och makt. Det medförde givetvis också en rad förpliktelser, naturligt inympade genom uppfostran. Den självsyn som på så sätt ingick i adelns utrustning medförde känslan av en självklar social överlägsenhet. Adeln betraktade sig vid 1800-talets början dessutom som den sanna bäraren av historien. Att borgerskapet skulle förvalta det historiska arvet var, enligt adelns sätt att se, inte att vänta. Borgarna strävade till förändring, till att utforma det framtida samhället. Inte heller bönderna var att tänka på; de ansågs sakna den bildning man krävde för detta. Adeln stod för kontinuitet och försvarade den nationella staten, dess historiska rötter och lojaliteten mot den monarkiska idén. Kanske kan hela den stora nyinredningen och omflyttningen av porträtten på Skokloster ses som ett exempel på hur Magnus Brahe, som representant för rikets ädlaste ätt, strävade att vidmakthålla historien – och även att göra den pedagogiskt tydligare.

Adelsmannen spelade, mer eller mindre medvetet, den roll det gamla samhället givit honom. Han umgicks i sina kretsar med adel och militärer och betraktade professionella yrkesutövare som tillhöriga en lägre social nivå. Lärda och konstnärer kunde kallas in för att visa sina konster och sedan lämna sällskapet. Geijer intar här en intressant ställning. Han skriver dikter i tidens anda där odalmannen hedras, men som historiker fäller han det kända yttrandet »det svenska folkets historia är dess konungars«. För Geijer måste det ha varit inspireran-de att se nyhängningen av kunga- och drottningporträtten i kungssa-len på Skokloster.

Karl XIV Johan, med sin ängsliga strävan att betona sin legitimitet, kunde inte ha valt någon mer passande till sin förtrogne än landets för-nämste adelsman. Magnus Brahe å sin sida kände sin ätts förpliktelser mot landet. Han identifierade sig med de samhällsbevarande krafter-na. Hans ätt hade ju varit med och lett Sveriges öden under flera hun-dra år. Nu, i tider av omvälvning och ofta av förföljelse i pressen, blev det allt viktigare att hävda Sveriges historia i dess mest glansfulla skede och Brahe gjorde sig med Skokloster till dess talesman.

Det finns många tecken på att Skokloster höll på att bli ett svenskt nationalmuseum, en plats där landets historiska minnen skulle samlas, en plats som skulle väcka till historisk stolthet och medvetenhet. Och med historia menades naturligtvis den ärorika historien, forntiden med vikingafärder, Vasatid och de stora krigen på 1600-talet fram till samtiden som snart skulle bli historia. Gåvor från okända personer, fornsaker som de hittat överlämnades. En man skänker sex »gamla urmodiga Stolar« som efter gammal sägen skall ha tillhört kung Karl Knutsson och tillfogar att en sådan bagatell inte varit värt att nämna »om icke Hans Excellens m.m. ... sådant önskat.«. Skoklosters egna samlingar med minnen från 30-åriga kriget utgjorde givetvis grunden. Gåvorna från Karl Johan och minnesrundeln med dess apoteos bilda-de den samtida avslutningen.

Vid 200-årsjubileet 1832 av Gustav II Adolfs död utbröt sannskyldiga orgier i firandet av hjältekonungen. På slagfältet vid Lützen restes ett nygotiskt monument av gjutjärn omramande kungens byst. På Skokloster finns en oljemålning som framställer det ögonblick när den kungliga kistan öppnades den 6 nov. 1832 i Riddarholmskyrkan. Magnus Brahe var givetvis närvarande och med Karl Johans tillstånd skar han två små bitar av kungens svepning som bevarades i slottet som dyrbara minnen. Historiemåleriet med Gustav Adolfsmotiv tog fart, minnesdukar med Lützenmonumentet och kungens porträtt i oval vävdes. 1833 gjorde skulptören J. N. Byström förlagorna i gips till de statyer av Gustav II Adolf och Karl XIV Johan som i marmor och i större format står i rikssalen på Stockholm slott. Kungarna intar samma kroppsställning, upprepar varandra, fast var och en i sin tids dräkt. Utan ord skall man förstå att Karl Johan är Gustav Adolfs like och naturlige arvtagare. Gipsförlagorna som enligt inventariet är »i liten kropps storlek« kom till Skokloster redan 1833 och placerades i kungssalen, där de tydligt kunde förmedla budskapet. Nu är de placerade i minnesrundeln. Karl Johan tar med Brahes hjälp historien i sin tjänst för att etablera sig i sitt nya hemland. Hans strävan att använda Gustav II Adolf som en hävstång för sin legitimitet upprepade Gustav III:s motsvarande ambitioner; denne var ju också av en nästan ny dynasti. Redan Gustav III hyste en stor beundran för hjältekonungen, skrev skådespel om honom och gav sin son hans namn.

På Skokloster finns också en liten bordspendyl av alabaster flankerad av fyra små kanonrör som bär upp Karl Johans byst. Johan Knutsson har påvisat att den ter sig som en miniatyr av Fogelbergs Vasamonument i gjutjärn vid Uppsala slott och att den även har en motsvarighet i en miniatyrskulptur med Gustav Vasas byst från 1830-talet på Rosendals slott. Som Knutsson påpekat är de tre skulpturerna sammantagna ett bevis på Karl Johans ambition att föra fram sin egen gestalt jämsides också med den store föregångaren Gustav Vasa.

Men det var framför allt 1600-talet och de stora segerrika krigens historia som helt naturligt kom att dominera den nationella museitanken på Skokloster. Slottet var ju alltsedan Abraham Brahes tid ägnat åt minnet av Carl Gustaf Wrangel. Kanske var det just detta som gjorde att det blev 1600-talets och barockens stilvilja som till slut kom att prägla nyinredningarna på Skokloster. Nygotiken i minnesrundeln betraktades på 1840-talet säkert som omodern.

Gustav II Adolfs kista öppnas den 6 november 1832 i Gustavianska gravkoret i Riddarholmskyrkan. Kungen står vid den öppnade kistan, Magnus Brahe i förgrunden till höger. Oljemålning av Theodor Lundh 1841. Skokloster.

Det är tydligt att Karl Johan inte var okänslig för den hyllning minnesrundeln utgjorde. Kolossalskulpturen av kungen i stridsguden Mars gestalt var ju en gåva efter det att väggmålningarna färdigställts. Apoteosen över kungen medan han ännu levde kan ju för en nutida betraktare kännas utmanande, men ingenting tyder på att man såg saken så. Tvärtom visar Karl Johans gåvor uppskattning för hyllningen och att han tog till sig Brahes nya historiemedvetna framtoning av Skokloster som via en nationell apoteos förstärkte hans egen legitimitet.

Därav följde Brahes långsiktiga satsning att göra Skokloster till något så storståtligt som en fäderneborg för Sveriges folk likaväl som ett propagandaställe för dess monark. Samtidens historia, utöver reverensen för kungen, fick också sin beskärda del. I rummet Genève utbildades, som tidigare nämnts, ett porträttgalleri över berömda svenskar i Magnus Brahes tid, militärer, politiker, skalder och vetenskapsmän. Vid Magnus Brahes död fanns hans bild, förvånande anspråkslöst, inte där, men under hans efterträdare sattes den upp.

Vem gjorde upp programmet för slottets omdaning åt Magnus Brahe? Kunde han ha gjort det själv? Han som utpekats som en medelmåttig intelligens, som skriver så tråkiga brev, hade han själv fantasi, kunskap, tid och intresse som krävdes för att genomföra ett program som drog ut över många år? Det var han som betalade eller avsåg att betala de avsevärda summor som omdaningen kostade och han var uppenbarligen nöjd med resultatet. Inte i något brev till modern eller brodern Nils skriver han ett ord om vad han tänker göra på Skokloster, bara att allt stod väl till. Även om de hantverkare, målare, stolmakare etc, som han använde inte var av särskilt hög klass är det sammantagna resultatet av stort idéhistoriskt intresse och ligger i ett sådant perspektiv, om inte kvalitativt, på linje vad man samtidigt gjorde på mest avancerat håll ute i Europa. Någon med utblickar och estetiska kunskaper måste ha varit Brahes rådgivare.

Vi tycker oss ha följt varje möjlig tråd som skulle ge namnet på inspiratören. Var det kronprins Oskar eller hans Josefina som kom från München, där hovet var oerhört estetiskt medvetet, där historiska förebilder självklart inspirerade i nybyggnader och inredningar? Var det gubben Limnell, professor vid Konstakademien och samtidigt den främste i Stockholms målarskrå, som gjort upp programmet för rummens ommålning? Söderberg som fick uppdraget hade ju lärt hos Limnell och träffade honom ständigt vid Målar-societetens sammanträden. Arkitekten Axel Nyström besökte Skokloster i juli 1825 tillsammans med journalisten Claes Livijn, men då var Magnus Fredrik Brahe ännu fideikommissarie och låg svårt sjuk. Deras besök är för tidigt och tidpunkten för ogynnsam för att de då skulle påverka slottets upprustning. Det hade varit fullt möjligt att Nyström, i sin egenskap av slottsarkitekt på Stockholms slott under åren ca 1827–1850 och dessutom nästan jämnårig med Magnus Brahe, varit inkopplad också på Skokloster, men vi har inte funnit några tecken på hans medverkan. Omdaningen verkar inte heller gjord av en arkitekts fasta hand, den är snarare litterärt-romantisk och har drag av amatörism.

I gästboken finner vi skulptören J. N. Byström 1826 och C. J. Billmark senare samma år – vilket också är för tidigt (Billmark skulle återkomma omkring 1855 för att göra förlagorna till sina litografier med historiserande motiv där slottets 1600-talsmiljöer betonas).

Konstnären och friherren Carl Stephan Bennet är möjligen ett namn att ta fasta på. Han var officer och hovman, umgicks i de bästa kretsar och hade uppdrag av Karl XIV Johan att dokumentera viktigare händelser i kungens liv. Han har bl.a. målat interiörbilder från kungens sängkammare på Stockholm slott. Att Bennet älskade antikviteter ser man av de interiörer han målat av sin egen bostad i Sofia Albertinas palats, där antika möbler från 1600- och 1700-talen stod tätt. Bennets anteckningar från 1836 visar att han sammanträffar med Brahe flera gånger t.ex den 4 april: »Exc. Brahe hos mig på min ateljé och såg på taflorna« och 14 april: »Hos Exc. Brahe, talade med honom om taflorna«. Vi vet inte vilka tavlor som avses, men ingenting tyder att Bennet var inblandad i Skoklosters upprustning.

Intendenten för konstsamlingarna på Kongl. Museum, Lars Jacob von Röök, var vid denna tid som mest verksam och sannolikt uppslukad av sin tjänst på Stockholms slott. Han kunde, beläst och berest som han var, vara möjlig som idégivare, men är otänkbar på grund av de tidigare citerade negativa omdömen han fällt i sin dagbok.

Vore det den älskade styvmodern Aurore Brahe som inspirerat skulle det ha visat sig i de många bevarade breven Magnus Brahe skrev till henne. Vem var idégivare, vem utformade programmet?

Till slut måste vi lämna frågan öppen.

SKOKLOSTERS ÄGARE

från 1611 Herman Wrangel

från 1643 Carl Gustaf Wrangel, g. m. Anna Margareta
von Haugwitz

från 1676 deras dotter Margareta Juliana Wrangel g. m.
Nils Nilsson Brahe

från 1701 deras son Abraham Brahe

från 1728 dennes sonson Erik Brahe

från 1756 sonen Per Brahe

från 1772 dennes halvbror Magnus Fredrik Brahe

från 1826 dennes son Magnus Brahe

från 1844 dennes halvbror Nils Fredrik Brahe

från 1850 dennes son Nils Brahe

från 1907 dennes son Magnus Per Brahe

från 1930 Fredrik von Essen

från 1936 Rutger von Essen

Inköpt 1967 av svenska staten.

Echoes from History

*The remodelling of Skokloster Castle
in the time of Magnus Brahe, 1826–1844*

SUMMARY

This book forms a study in early historicism of the largest private castle in Sweden. Skokloster Castle, which lies some 70 km northwest of Stockholm by Lake Mälaren, was built during the later part of the 17th century by the distinguished field marshal of the Thirty Years' War, Carl Gustaf Wrangel. Through his daughter's marriage the property came into the possession of the Brahe family, the foremost aristocratic line in Sweden, in whom it was entailed up to 1930 when the last Count Brahe died. It was then taken over by the von Essen family; the castle and its collections were transferred by purchase to the Swedish state in 1967.

One of the prerequisites for this study of ours is that Ove Hidemark has been architect in charge of the castle's restoration since 1968 and can go with his own key to every corner of the building; another is that we have a small cottage on the hills to the south of the castle. During summer holidays, and at Christmas and Easter, therefore, we have been able to wander round and examine the castle and its inventories minutely and read the extraordinarily detailed inventory records, particularly those of 1823 and 1845 – the beginning and end points for the main part of our study. The many guidebooks on the castle have also been invaluable, the first one of note being that of 1761, while the last is from our own day. Our conclusions are based on an infinite number of small observations which, unfortunately, cannot be referred to in the short space of a summary. Suffice to say that all these together build up a picture of a conscious remodelling of the castle's interiors, a transformation which was intended to strengthen and deepen the feeling of the presence of history, especially that of the 17th century.

It has taken a long time to carry out this project and many questions are still unsolved. In 1978, however, we were bold enough to present part of the material at the conference of the Furniture History Society in London and in 1981 we held a seminar with the staff of Skokloster Castle. At that point we had found the accounts belonging to the estate of the deceased Magnus Brahe, and these confirmed what we had already suspected and gave us the names of many suppliers and craftsmen and often the dates and terms of deliveries.

We have worked together closely on this study, but it is Ove Hidemark who has been mainly responsible for matters related to the building while Elisabet Stavenow-Hidemark has taken on the furniture and textiles. Many people, too, have helped us in different ways. We should like to thank our friends on the staff at Skokloster, above all Arne Losman and Anders Bengtsson, as well as Professor Kurt Johannesson, Uppsala. Among our learned friends and acquaintances abroad we would especially like to thank Georg and Jo Himmelheber in Munich, and Clive Wainwright and Marcus Binney in London.

The principal figure in this study is Magnus Brahe (1790–1844), best friend and confidant of King Karl XIV Johan – the former Field Marshal Bernadotte of France. Brahe obtained high administrative and military posts early on and became the most powerful man in Sweden. During the 1830s, particularly around 1838, opposition waxed strong against what was called the Brahe Empire.

Magnus Brahe had several other estates and only visited Skokloster for short periods in the summer. It was there that he received the royal family annually as guests when they were staying at their summer palace of Rosersberg relatively nearby. He was a close friend of Crown Prince Oskar and Crown Princess Joséphine of Leuchtenberg. Joséphine came from the court of Munich, which was at that time the artistic capital of Europe. There Leo von Klenze was the leading architect and provided the royal residence with new furnishings and fittings.

Skokloster during the 18th century – completion and modernisation

Skokloster has been regarded, even into our own day, as untouched by the ravages of time, intact from the 17th century. Our study shows, however, that this was not the case. It took time to complete the interiors. Major portions of the wooden fixtures, architraves, panelling etc. probably date back to the early 18th century. But modernisations were also carried out after the middle of that century. The window frames and cases were changed on all floors of the castle at that period. It is only the attic that has its old window frames left. In the new timber frames the date when the work was done was often hammered in with an iron. The changing of the windows was a protracted process which continued from 1754 to 1778 and some windows were even later (cf. illustrations pp. 22–4). During the same period many doors were made double by being given extra frames and new architraves. A number of *deux battants* also came into existence to complement the single doors of the 17th century (cf. pp. 19–20).

Gothic Revival in the Commemorative Room

The phase of the work closest to our study objective started around 1830 in one of the tower rooms (2:Y on the plan, cf. jacket ends) of the Wrangel Apartments on the first floor. It was devoted to the glorification of King Karl Johan. Per Emanuel Limnell, Professor of Painting at the Academy of Fine Arts in Stockholm, depicted the King's life in a series of allegorical paintings – from his birth, via his appointment as Marshal of France, to his final crowning as King of Sweden and later of Norway. The paintings are carried out in grisaille in Neo-Classical style. The magnificent stucco ceiling from the 17th century was, however, retained. In 1835 a colossal statue in marble of the god Mars, bearing the King's facial features, a work of the sculptor J.N. Byström and a gift from the king, was placed in the middle of the room (cf. pp. 43–4). The furniture consisted of a series of Gothic Revival chairs of polished birch with contrasting black outlines. There is evidence in the castle's accounts that some of these pieces were actually being made during the summer of 1830. The upholstery has high, square, stitched edges, as dictated by the fashion of the Empire period and the furnishing fabric used is red worsted damask of 18th century type. Two cupboard cases containing valuable items from the king were put in the room in 1835. The chairs were not originally intended for that room since a sofa, dated 1830, and two large cupboards signed with the date 1834 by the castle cabinet-maker, belong to the same suite of furniture (cf. pp. 88–91). But for which room they were originally intended we do not know.

Repainting of the rooms 1835–44.
An international historicism

When the painting work continued in the rest of the rooms it was carried out by another team of workmen and according to other principles. In this case the Baroque model was followed as closely as possible but the colour scheme was livened up in line with the loud, brilliant colour range of Empire style. Gustaf Söderberg, master painter in Stockholm, was responsible for the decoration. He had been apprenticed to Limnell and, like him, had carried out work on the royal palace in Stockholm. We can follow Söderberg's work at Skokloster with the aid of hidden signatures and dates (cf. pp. 48, 62, 66).

The Kings' Hall (2:A) was probably the first room they painted – it was given new curtains in 1835 and must by then have been completed; the rest of the Wrangel Apartments were completed in 1837. The Brahe Apartments, the private section on the same storey, must have been painted in 1838, for one of the rooms, the Blue (2:R), was provided with new furniture in 1839 and in the September of that year the painting of the corridor was finished. The portraits of the Roman emperors over the doors in the corridor were repainted and the maxims from the first decades of the 18th century given a new typography and colour scheme (cf. p. 64). The rooms in the Guest Apartments on the second floor were repainted in 1840. The walls were coated with limewash in colours which varied from room to room: turquoise, blue, apricot, light green, yellow ochre etc., while the ceilings and chimney-pieces were given a heavy and resplendent Baroque vigour (cf. pp. 67–8). The corridor was decorated in 1841–42 and it was at this time that many new maxims came into existence, quite a number of them in foreign languages, like, for example, this one in English: *By half he conquered hath who manfully do fight.*

The Library Apartments were redecorated in 1842 and the large book cupboards, which had probably stood there unpainted since the early 19th century, were painted in 1844 (cf. pp. 75–8, 80, 83). From 1842 onwards we have, namely, very detailed accounts.

Söderberg and his people use a new painting technique: the panelling, door-architraves and doors are prepared with a base of filler before being coated with oil-paint. When they improve the Kings' Hall's already existing polychrome ceiling, a chromiferous green paint is used (cf. p. 55). Chrome oxide green first became common in the 1830s. In most cases the earlier Baroque paintwork is repeated, though with a certain freedom. Marbling is carried out with great skill, but the figure drawing, unfortunately, is hopeless.

Moveable furnishings

The Gothic Revival furniture from the early 1830s in the Commemorative Room (2:Y) has been described earlier. Thereafter follows a whole series of new suites of furniture and we must assume that they, too, were produced by the castle cabinet-maker. The head craftsman at the castle was probably the first to do upholstery work there and after 1843 a professional man from Stockholm was called in. His very detailed accounts give us, in several cases, a key to the order in which certain pieces of furniture were completed.

Now follows the great furnishing project. Step by step one comes closer to the Baroque in the form, painting and upholstery work of the furniture. First comes the suite of furniture for the Yellow Drawing Room (2:M), internationally seen completely in line with the fashion of the day in white and gold, a mixed style where the format of the Baroque is united with Louis XVI ornament and Empire furnishing fabrics and upholstery techniques (cf. pp. 93–5). This must have been done after 1837. Among the pieces in this suite is a very long sofa. Curtains were made in a matching fabric with a richly draped pelmet and long, lined curtains. The last Count and his Countess were photographed in that room in the twenties. After 1930 the whole suite was moved to the Wrangel Children's Nursery (2:H) – clearly a downgrading.

The suite for the Blue Room (2:R) is in Baroque style but has been painted blue, which is clearly foreign to the Baroque (cf. pp. 97–8, 100). It has carved and silver-painted ornament, while the furnishing fabric, a cotton-and-worsted damask in blue and silvery white, has a pattern typical of late Empire. A short sofa has been made in the same style as the armchairs, and is signed IW 1839 in blue paint. The front edges of the upholstery on all the furniture are now rounded. The genuine gilding of the magnificent bed in this room, which belonged to Duke Karl, later King Karl XIII, is clumsily painted over in blue and silver in order to match the rest of the furniture. The window curtains, with a straight pelmet and long, lined curtains are of the same fabric as the upholstery of the furniture.

The Yellow Room (2:P), which is next to the Blue, is partly furnished with old Baroque armchairs, and partly with copies of these as well as a long sofa which is not based on any sort of 17th century model (cf. pp.

102–4). The textile furnishings are of yellow moreen, a worsted with a watered effect, with a fringe in yellow and blue, completely *en suite*, with bed hangings, window curtains and dressing-table cover the same as the furniture fabric. Now the columns of the backs of the seat furniture are also covered in Baroque fashion. The Blue and the Yellow Rooms were taken into use by Magnus Brahe's half-brother, Nils and his family in August 1842.

The Red Room (2:E) is designed in the same way as the Yellow. All the seat furniture consists of copies and the textile furnishings are of red moreen with an all-red fringe (cf. pp. 105–6). The furnishings must have come into being at the same time as those of the Yellow Room, i.e. in August 1842 at the latest.

The suite in the Grey Room (2:V) was ready in 1844, and is a copy of an older suite of furniture in the castle with bulbous turned ornament, the sofa being a completely new composition (cf. pp. 107–8). The upholstery fabric is a damask of cotton and manilla hemp, a fabric which is also used for the curtains.

For two of the library rooms a series of new chairs was made – Baroque copies which, like their older prototypes, were covered in a violet hemp fabric. They are mentioned in the upholsterer's account for 1844.

All these suites of furniture are very large and all except the last-named were placed in the State Apartments. In addition there was the gilding of older furniture for the Wrangel Bedchamber (2:X), one of the most prestigious rooms in the building. There were also placed four Rococo armchairs and two chairs, which were silver-plated and came from Queen Lovisa Ulrika's Drottningholm Palace (cf. pp. 114–5). In 1844 they were reconstructed with new carved cresting and stretcher rails as well as being gilded in order to achieve the-then fashionable Louis XIV appearance. The procedure can be followed in detail in the accounts.

After Magnus Brahe's death the seat furniture in the state bed-chamber, known as the Alcove (2:N), was completed, with exact copies of the French Chinoiserie chairs of the 1680s with claw feet and ladder backs (cf. p. 112). The supplying of twelve chairs to a bedchamber was scarcely a necessity, but rather a way of giving the room a stronger 17th century character, strengthened by the fact that the room had, some years earlier, been apparelled in a magnificent golden leather in light blue, yellow and silver.

Fabrics

The fabrics procured give an interesting insight into fashionable furnishing textiles at the period of transition between late Empire and Rococo Revival (cf. pp. 119–129). Apart from the furnishing fabrics which have already been named, two patterns in green and white cotton-and-worsted damask, Utrecht velvet in a number of colours, and several chintzes, as well as hemp fabric, were obtained from Henric Mendelson, a draper in Stockholm. The hemp fabric, which exists in five different patterns, in blue, red, grey and violet, is a jacquard-woven damask with a cotton warp and a weft of unspun hemp fibres. At that time such fabrics were made in the town of Rossbach in Bohemia as well as in Vienna, as confirmed by the samples in the Museum für angewandte Kunst, Vienna. The cheapest of the newly-purchased fabrics was the linen tabby, in blue, red, or yellow stripes combined with white, and this was used for loose covers. All the fabrics were modern, with patterns influenced by late Biedermeier and Rococo Revival. The fact that Utrecht velvet was chosen may possibly indicate an ambition to historicise.

Curtains

No less than 24 pairs of curtains remain intact or partially intact for the State Apartments on the first floor, all of them heavy and lined (cf. pp. 133–8). In the most prestigious rooms the windows were made higher with a »Gothic lintel«, covered with fabric which supported the pelmet. In the Guest Apartments on the second floor, however, there were light, white cotton curtains, except for in the large room known as Geneva (3:A), where there were red cotton curtains with printed flower borders in black, newly copied.

The portraits are rehung

A complete rehanging of the castle's large collection of portraits was undertaken at this period. In the Kings' Hall were hung all the Swedish kings from Gustavus Vasa to Karl XIV Johan as well as Prince Oskar – and this was completed before the August of 1837 (cf. p.

10). The positioning of Wrangel, Bielke and Brahe family portraits in some of the more distinguished rooms, however, was purely influenced by genealogical considerations. The Wrangel Bedchamber was now made into a *Salle des contemporains* with portraits of reigning princes from the time of Karl Johan.

In the largest room of the Guest Apartments, Geneva, furnished as a salon, a pantheon was made to famous contemporary Swedes: military leaders, politicians, men of letters and scholars (cf. p. 143).

A wander through the rooms in 1845

All the new information which has been touched on should not detract from what we know of the large and remarkable collections of early weapons, furniture, mirrors, pictures, porcelain, glass and goldsmith's work which filled the rooms and cupboards. In the two State Apartments on the first floor, however, no less than six of the rooms had been given new furnishings. The Commemorative Room (2:Y) in the Wrangel Apartments was one of the rooms officially on show even at this time. The Red Room (2:E), originally used as the Countess's dressing room, and the Grey Room (2:V), the Count's dressing room, were closed off at this time from the bedchambers and only approachable from the corridor. They were, psychologically, incorporated into the guest rooms of the Brahe Apartments.

The Guest Apartments two floors up were filled with furniture without a thought of the style of the day. 17th century four-poster beds, Gustavian seat furniture, washing commodes in late Biedermeier, and thin, white curtains created, together with a number of remarkable pictures, a significantly less grand and ceremonial atmosphere there than in the apartments underneath. (In 1994–95 large sections of the Guest Apartments were restored in accordance with the inventory of the year 1845.) The large, unfinished hall (3:N), originally intended as the Castle Banqueting Hall and at the beginning of the 19th century planned as a library, was left untouched and has thereby, perhaps, become the Castle's most remarkable room (cf. p. 73). Similarly, the Armouries on the third floor (4:H, K, P) and the Tower Rooms on that floor were left untouched by the renovation, while the series of five Library Rooms (4:A, B, C, Z, X) with their 20,000 volumes were completely repainted.

Opinion

The contemporary world, comprising both Swedish and foreign visitors, admired Magnus Brahe for his way of improving Skokloster and enriching the collections. The twentieth century, on the other hand, has chosen either to deny the measures he took or regard them as embarassing. This has gone so far, indeed, that distinguished connoisseurs who present us with a picture of the castle in 1914, and even as late as 1940, will acknowledge no more than the Gothic Revival furniture as an addition from the 19th century, while everything else is »exceptionally true to period, completely untouched«. We too have been surprised that the 19th century projects were so comprehensive and today we see them as an extremely interesting addition in terms of the history of ideas.

The Historicism of the 1830s and -40s

To create a historical setting in which to live was an artistic objective which, during the earlier part of the 19th century, existed among the leading sections of society in Europe. It was a harbinger of the heavier and more scientific historicism which arrived in the 1870s and -80s.

In the 1820s, and even more in the 1830s, Sir Walter Scott's novels influenced collectors and those who were passionate about things ancient to furnish their homes in the Gothic style with painted-glass windows and arms and armour. Owners of country estates extended and historicised their castles in Tudor style in England, in Louis XIV style in France and in a romantic chivalry style in Germany (cf. pp. 158–9, 162). And all this was happening precisely at the time when Magnus Brahe was renovating Skokloster with decoration in Baroque style and steadily getting nearer and nearer to the Baroque in the furniture he obtained. Skokloster never reaches the finesse of artistry and craftsmanship of these foreign examples – it is on the history of ideas level that Skokloster is so interesting.

At the same time there is a wave of historical painting throughout Europe where the motifs always have, in a figurative sense, a political or moral actuality. Princes and artists arrange historical pageants, above all in Munich, the historical novel becomes tremendously widespread, particularly owing to Sir Walter Scott, and Felix Mendelssohn takes up Baroque motifs in his music. With all the means at their disposal princes and owners of great estates use art as a time-machine; they live themselves back into a period where they were apparently able to find their position less questionable than in their own day with its enormous social unrest.

Representing history

The nouveau riche bourgeoisie of the 19th century wanted change and progress; it therefore became the task of the old aristocracy to answer for continuity and keep the glories of history alive – or so Magnus Brahe seems to have understood it. Skokloster, now one of the really popular sights for tourists – helped along by a regular steamboat service, became a place of propaganda not only for Karl Johan but also for the whole Age of Greatness of the seventeenth century. There are also signs that Brahe wanted to make it into a »national museum«. Karl Johan was indeed careful to emphasise his legitimacy. He commissioned the sculptor, Byström, to make a likeness of him and of Gustavus Adolphus on the same scale and in the same pose but in respective contemporary costumes – and here it was clear to all that it was he who was the true heir and equal (cf. p. 43). The plaster originals were given a place in the Kings' Hall at Skokloster.

At that moment Skokloster became the apotheosis of royal power and the Swedish Age of Greatness. A programme for remodelling had gradually developed, perhaps tentatively but the whole time conscious of its objective. It is not known, however, who inspired and advised Magnus Brahe. In spite of years of searching this is still an open question.

Translated by Skans Victoria Airey

KÄLLOR

De källor som vi använt för att ringa in förändringarna på Skokloster under 1800-talets förra del är av flera olika slag.

Viktigast och det som givit oss impulsen till våra studier är slottet självt och dess inventarier. Genom att ytterst noggrant i detalj besiktiga väggar, murar, spislar och möbler har vi funnit en rad signaturer och dateringar målade med oljefärg, skrivna med blyerts, ristade i putsen eller inslagna med järn i fönsterkarmar. Vi har byggnadsarkeologiskt undersökt olika skikt av oljefärg och limfärgslager, sökt efter ny förgyllning och jämfört sadelgjorden i tapetserarnas arbeten. Målningsskikten har undersökts labratoritekniskt för att avgöra senare påmålningar.

Slottets inventarieförteckningar är de källor som tydligast beskriver inventariernas placering. De för oss viktigaste förteckningarna är de som upprättades 1823 under Magnus Fredrik Brahes livstid och 1845 efter Magnus Brahe.

Dessa oförlikneliga dokument går från rum till rum och tar upp allt från väggbeklädnad, möbler, tavlor till prydnadssaker och även skåpens innehåll. Även möbelklädsel och gardiner beskrivs noggrant. En god hjälp är den bearbetning som tjänstemännen vid slottet gjort efter statens övertagande. Så snart ett föremål är igenkännbart har dess inventarienumer satts ut i marginalen på arbetskopierna till inventarieförteckningarna. Ett komplement till dessa är den katalog som upprättats efter 1967, där varje föremåls placering följts enligt inventarieförteckningarna.

En annan viktig typ av källa är gästböckerna eller snarare besöksböckerna. Det är tydligt att de tagits fram när det kommit riktigt fina gäster, som t.ex. de kungliga, men dessemellan fattas många namn på personer som vi vet har besökt slottet. Att hantverkarna skrivit sina namn är märkvärdigt och rakt inte brukligt.

Vidare finns de många beskrivningarna av slottet, de kan vara handskrivna eller tryckta. De utgörs av dagboksanteckningar, brev, reseskildringar och vägledningar. Särskilt viktiga för vårt studium har följande författares vägledningar varit:

Carl Nyreen 1761 (otryckt)
Carl Fr. Rothlieb 1819
J.A. Kjellman-Göranson 1860
Octavia Carlén 1870
Olof Granberg 1904, 3:e uppl. 1914

De historiska tolkningarna och attribueringarna i dessa beskrivningar får givetvis tas för vad de är: en blandning av fakta, traditionsuppteckningar och personliga ställningstaganden.

Reseskildrare som besökt Skokloster har ofta beskrivit slottet och dess skatter tämligen utförligt. Deras upplevelser är ofta starka men årtal och andra fakta är inte sällan missuppfattade. Vi har varit försiktiga med dessa källor men vågat tro på dem när de berättat t.ex. att biblioteket böcker varit ordnade i hyllor. Då vet vi att inte de inte längre var nerpackade i lårar.

Tidiga bilder av Skoklosters interiörer är det ont om. De tidigaste avbildningarna av rum på slottet är C.J. Billmarks litografier, vars förlagor gjordes omkring 1855. Här bildar Magnus Brahes inredningar bakgrund till historiserande scener från 1600- och 1700-talen, vilket avspeglar att man verkligen upplevde interiörerna som »äkta« historia även om man naturligtvis visste att mycket var nytt. Från sent 1800-tal och tidigt 1900-tal finns ett litet antal tidskrifts- och bokillustrationer och ett antal fotografier. På Skokloster finns tre oljemålningar, signerade av C.G. Holmgren 1913. De föreställer Wrangels sängkammare, grevinnans förmak och kungssalen, motiv som man kunde ha väntat vara lockande för konstnärer även tidigare. De här nämnda bilderna ger en föreställning om hur möbler och tavlor var placerade och kompletterar vår kunskap om färghållningen i rummen.

Skoklosters gårdsräkenskaper från år 1825 och framöver, som förvaras på slottet, ger upplysningar om materialinköp, hantverkarinsatser, för byggnation uttagna dagsverken, transporter av möbler och resor till och från Stockholm.

Som en bekräftelse på vad vi redan visste kom så fyndet av Magnus Brahes dödsboräkenskaper på Rydboholm. Vi stod på fast mark.

Otryckta källor

Bernadottearkivet:
Brev från kronprins Oskar (I) till Magnus Brahe

Kungl. biblioteket
Nyreen, Carl, Sko-Klosters Beskrifning ... År 1761. (Cod. Holm. M 23:2). Kopia i Skoklosters arkiv.
Nils von Jacobssons dagböcker. I. j. 12:25.

Nordiska museets arkiv:
Skråarkivet. Målareämbetet i Stockholm. Protokoll 1803–1839.

Riksarkivet:
Rydboholmssamlingen. E7477. Berättelse om förmyndarskapet för greve Magnus Fredrik Brahe. Undertecknad Johan Rosin, Stockholm juni 1778.
Skoklosterarkivet, vol. 8618:14. Brev från Magnus Brahe
Enskilda personer: Magnus Brahe
C. S. Bennets dagboksanteckningar. Säfstaholmssaml. II:105, E 9422.
L. J. von Rööks levernesbeskrivning. E 9420. Nr 38 Journal, Sverige 1841–46.

Rydboholm:
Räkenskaper rörande Magnus Brahes dödsbo

Skoklosters arkiv:
Gårdsarkivet 1825 ff.
Diverse lösa handlingar från 1700-talets mitt
Inventarier 1728, 1823, 1845 samt tillägg till 1823
Besöksböcker
Den moderna föremålskatalogen
Handskrivna reseskildringar
Rustmästare Isac Giers dagbok
Brev från Carl D. Forsberg till Magnus Brahe 29/9 1840.

Bengtsson, Anders, Gästrumsvåningens möblering från Wrangel till nutid. Stencil 1994.

Tryckta källor

Andrén, Erik, Skokloster. Ett slottsbygge under stormaktstiden. 1948.

Billmark, Carl Johan, Aquarell-lithographier och tontryck. Teckningar efter naturen. Sverige. Interiörer och exteriörer. Häft. 3 Skokloster. 1861–64.

Carlander, K.M., Svenska bibliotek och exlibris. 2. uppl. II:1, 1904.

Carlén, Octavia, Sko-Kloster. Beskrifning. 1870.

Förteckning över framlidne greve Magnus Brahes konstsamling. Auktion 5–6/12 1845 »uti huset N:o 31 Drottninggatan«. 1845.

Granberg, Olof, Skoklosters slott och dess samlingar. Kortfattad beskrifning. 1904. 3:e uppl. 1914.

Historienmalerei in Europa. Paradigmen in Form, Funktion und Idelologi vom 17. bis zum 20. Jahrhundert. Ekkehard Mai (Hrsg.). 1990.

Hartmann, Wolfgang, Der historische Festzug. Seine Entstehung und Entwicklung in 19. und 20. Jahrhundert. Passau 1976, (s.19–24)

Hidemark, Ove, Skokloster – en restaurering. *Arkitektur* 1972:4.

Himmelheber, Georg, Klassizismus – Historismus- Jugenstil. *H. Kreisel*, Der Kunst des deutschen Möbels, Bd 3, 1973.

Kjellman-Göranson, J.A., Sko socken, kloster, kyrka, egare och slott. Handbok för resande. 1860.

Klingspor, C.A., Uplands herrgårdar. 1877–81.

Knutsson, Johan, Till minnet av Gustav Vasa i Geijers och Karl Johans tid – om Gustaf Sandbergs fresker i Uppsala domkyrka. *Uppland* 1987.

Losman, Arne, I grevarnas tid. En Brahe-historia genom 400 år. 1994.

Losman, Arne, Ord på väggen. *Bokvännen* 1971:5.

Loudon, John Claudius, An Encyclopedia of Cottage, Farm and Villa Architecture and Furniture. 1833.

Marmier, Xavier, Resa i Skandinavien, del 2. 1846.

[Reseberättelse, anonym] Till Drottningholm, Swartsjö, Rosersberg, Sigtuna, Skokloster och Upsala. 1855. Bokförlaget Rediviva 1970.

Rothlieb, Carl Fr., Beskrifning öfver Skokloster. 1819.

Samoyault-Verlet, Colombe, Louis Philippe de 1830 à 1846. L'ameublement des palais royaux sous la monarchie de juillet. *Un âge d'or des arts décoratifs* 1814–1848. Grand Palais, Paris 1991 s. 230–234.

[*Scholander F.W.*] Fredrik Wilhelm Scholanders Uplandsresa 1851. En resedagbok utg. av Gurli Taube. 1955.

Silver och smycken på Skokloster. Utställningskatalog. Red. Anders Bengtsson. *Skokloster-studier* nr 28. 1995.

Skokloster – bilder från slottet och samlingarna. 1928.

Skokloster, vägledning 1932.

Stavenow-Hidemark, Elisabet, Nytt tyg på gamla stolar. 1993.

Stavenow-Hidemark, Elisabet, Mönsterförlagor och mönsterböcker från 1840-talet. *Fataburen* 1975.

Stavenow, Åke, Skokloster. *Ord och Bild* 1934:1.

Stavenow, Åke, Skokloster – ett hem. *Uppländsk bygd*. Festskrift till Wera von Essen. 1940.

Stensson, Rune, Magnus Brahe och Karl XIV Johan. 1986.

Stockholm slotts historia, bd 3. 1941. Red. Martin Olsson.

Svenska hävder genom konstnärsögon. Liljevalchs konsthall 1960. *Nationalmusei* utställningkatalog nr 258. 1960.

Svensson, Georg, Oscar I:s götiska rum på Stockholms slott. *Svenska kulturbilder*, band VI, del XI och XII, 1932.

Völker, Angela, Textilproduktion im Biedermeier. *Weltkunst* 1980:6.

Wainright, Clive, The romantic interior. The British Collecor at Home 1750–1850. 1989.

Wallmark, P.A., Några underrättelser om Upsala, Gamla Upsala, Mora stenar, Skokloster... 1809.

s. 26: J.G. Oxenstierna: Ljuva ung-
domstid. Dagbok 1766–68, utg. av
Inga Estrabaut 1965, s. 61.

s. 27 sista st: Boksamlingarna
anlände från Salsta 1755, uppgift i
Skoklosters slotts arkiv; – Uppgiften
om Magister Trägård och uppord-
ningen av biblioteket i »Berättelse om
förmyndarskapet för greve Magnus
Fredrik Brahe«, RA, Rydboholms-
samlingen, E 7477 s. 12. – Biblioteket
från Stora Ek anländer efter Scheffers
död 1799, sannolikt under 1800-talets
första år.

s. 28: Magnus Fredrik Brahes egen-
händiga katalog över böckerna finns i
Skoklosters slotts arkiv; – näst sista st:
Uppgiften om Piper i »Berättelse om
förmyndarskapet ...« RA, Rydbo-
holmssamlingen, E 7477 s. 12. Där
ingår en ekonomisk redovisning
undertecknad Johan Rosin, Stock-
holm juni 1778: »Öfwer sommaren
1776 har Herr Öfwerkammar Herren
Grefwe Piper arrenderat Rummen i
Slottet för 1000 Rdr kopparmynt.«

s. 31: Om Magnus Brahes liv, se
Stensson 1986 samt Sv. biogr. lex.; –
sista st: Johan af Wingård, Minnen af
händelser och förhållanden under en
lång lifstid, 12, 2:a häftet. Stockholm
1850 avslutas med några sidor om
Magnus Brahe, konungens »vän och
förtrogne, excellensen Brahe, som
också misskänd och hatad för sitt
inflytande dock var en bland de ädlas-
te menniskor, vårt tidehvarf har att
framvisa (s. 143). »Näst Oxenstjerna
står enligt min tanke Brahe bland våra
stora konungars erkända eller förmo-

dade rådgifvare främst i historien
(s.146). – Aftonbladet har 14/10 1844,
knappt en månad efter Magnus Bra-
hes död, en mycket stor artikel om
dennes oduglighet, hur han tillsatte
medelmåttan och hur stor makt han
hade: »Aldrig har börd, rikedom,
släktskap eller gunst hos favoriten
eller dennes favoriter, med mera höjt
och stolt huvud, gått att intaga statens
äreställen och indräktiga befattning-
ar, än under den tid, greve Brahe var
ett slags vicekonung här i landet. - - -
Hans olycka var en ärelystnad, ett
maktbegär, vida över de kvaliteter,
som naturen givit eller uppfostran
bibragt... - - - Han fick beklagligtvis
ett alltför stort välde över en åldrig
monark, vars obekantskap med vårt
språk gjorde greve Brahe till snart
sagt det enda organ, genom vilken det
var möjligt att för mängden nalkas
honom.«

s. 35: Kronprins Oskars brev till
Brahe i Bernadotte-biblioteket; – tre-
dje st: Auktionskatalogen över Mag-
nus Brahes konstsamlingar i Natio-
nalmuseums arkiv.

s. 36: Brahes brev i RA, Skokloster-
arkivet, vol. 8618:14.

s. 44: Aftonbladet 4/8 1836 s. 2: »På
Skokloster hafva nu resande någon-
ting nytt och ganska vackert att
beskåda, nemligen ett af Professor
Limnell måladt och dekoreradt rum i
ett av första våningens åtkomliga
torn, i hvars midt skådas H. Maj:t
Konungens idealiserade staty, i hvit
marmor, af Byström. Denna staty är
en skänk af Konungen till ställets

egare.« Notisen funnen tack vare hänvisning hos Stensson 1986:322.

s. 45: Om kronprins Oskars nygotiska rum, se Georg Svensson: Oskar I:s götiska rum på Stockholms slott. I: Svenska kulturbilder 1932.

s. 49: Vid nedtagningen av Karl X Gustavs porträtt i kungssalen i augusti 1995 blottades den stängda dörren mot korridoren. Då konstaterades att insidan av dörrbladet mot korridoren hade kvar sitt ursprungliga måleri som Söderbergs målare lämnat orört. Däremot har de kopierat dörrbladets sex blomstermotiv på den inre dubblerade dörr som vänder sig in mot kungssalen. Den äldre målningen är gjord i tunn oljefärg, ett sirligt och sprött måleri i ljusa färger. Söderbergs måleri är tyngre, färgen något tjockare – något av doften kanske har försvunnit. Det är intressant att se hur nära Söderberg kopierar blomma för blomma här i kungssalen till skillnad från den friare tolkningen i många av slottets övriga rum, som målats senare.

s. 63: F.W Scholanders dagbok utgiven i faksimil av Gurli Taube 1955; – Dateringen i avsnittet Sentenserna målas om rad 2 ur Arne Losman: Ord på väggen (1971).

s. 70: De bortvända gavlarna på spislarna i Genève och Paris målades aldrig om 1840. Där kan man fortfarande ta del av den ursprungliga marmoreringsmålningen och konstatera att man vid ommålningen i stort hållit färgtonen men tillämpat ett helt annat marmoreringsförfarande.

s. 84: Uppgifterna om Geijer ur John Landquist: Geijer – en levnadsteckning (1954), s. 189.

s. 88: Datum för kronprins Oskars resa ur Stensson (1986) s. 135.

s. 99: Brahes brev till brodern RA, Skoklosterarkivet, E 8618:15.

s. 101 och bild s.105: Gustaf Adolf och Ida von Essens små söner var födda 21/9 1833 och 14/8 1835. Den minste kan bara vara några månader på bilden.

s. 109 Hur Kungen deklamerar fransk poesi berättar Nils von Jacobsson i sin dagbok (Kungl. bibl.).

s. 118: Uppgiften om Mendelsons födelseår vänligen meddelad av Mosaiska församlingen i Stockholm. – Excellensen Bondes beställningar av möbeltyg för Sävstaholm i Nordiska museets arkiv.

s. 125: vänstra bilden. De franska rokokostolarna är av valnöt och signerade H. AMAND. När de fick den nya klädseln av hamptyg före Magnus Brahes död 1844 försågs de med resårstoppning, ett ovanligt tidigt exempel på detta i Sverige men naturligtvis främmande för rokokostolar.

s. 126: Samma blå hamptyg med stjärnmönster som på bild s. 125 höger, beställdes för Kungl. slottet i Stockholm. När John Böttiger lät restaurera Rosendals slott 1913 togs det fram och sattes upp som väggbeklädnad i ett av rummen.

s. 128: Den blå chintzen anskaffades också för Stockholms slott, vänligen meddelat av Inger Olovsson.

s. 131: En stor samling tyska broderimönster från 1800-talet för petits points och korssöm har skänkts till Handarbetets Vänner i Stockholm av grevinnan Anna Brahe, Skokloster.

s. 149: Reseberättelse av Xavier Marmier del 2 s. 134 ff. Det översatta

citatet lyder: *En plusieurs endroits, la dorure des panneaux s'éfface, la guirlande des plafonds s'ébreche, et la couleur des tapisseries commence à pâlir.*);
– Ryssen Bulgarins reseberättelse finns i Skoklosters arkiv. De översatta citaten s. 149–150 lyder: *Le premier étage est meublé comme il l'était au XVIIe siècle et il a exactement conservé son aspect de l'époque, il en reflète la splendeur et le goût. --- Tous les meubles, les tables et les chaises sont sculptés, comme est en vogue à présent sous le nom de meubles gothiques ou bien rococo. Dans les autres chambres les chaises sont peintes en blanc ou en brun, enduites de vernis, dorées ou bien argentées. --- Nous voudrions bien conseiller nos artistes dessinateurs de meubles, et surtout MM. Tur et Gambs de faire une promenade à Skokloster afin d'emprunter ici des modèles originaux pour les meubles d'aujourd'hui. Ici le Moyen Age est un état naturel et non sur les dessins factices de Paris.*

s. 150 st. 2: Brevet från C.D. Forsberg i Skoklosters slotts arkiv. – st.3: L.J. von Rööks dagbok RA E. 9422. »Carl V:s sköld«, numera kallad Skoklosterskölden, är tillverkad av Eliseus Libaerts i Antwerpen, sannolikt för kröningen av Maximilian II av Habsburg 1564.

s. 151 överst: Biografien över Magnus Brahe av okänd förf. RA. Biogr. ensk. pers. M. Brahe s. 2. – Citatet ur Olivia Carlén (1870) s. 43. – Citatet ur Klingspors Uplands herrgårdar (1877–81) spalt 25.

s. 156: Citatet från Samoyault-Verlet artikel i Un âge d'or des arts décoratifs (1991) s. 230 sp. 4 lyder: *Les remises en état de châteaux anciens, royaux ou non, suscitent inéluctablement, et ceci dans toute l'Europe aux alentours de 1830, un désir de remeublement dans le style du bâtiment, qu'il soit gothique, Renaissance, tout d'abord, Louis XIV, Louis XV, Louis XVI, etc.*

s. 155 ff: Om de nämnda utländska borgarna och slotten har vi hämtat kunskap genom självsyn och ur aktuella guideböcker. För Stolzenfels i Rheinland-Pfalz finns ett nytryck av Robert Dohme: Burg Stolzenfels. Ein Führer aus dem Jahre 1850 (Mainz 1986) med ett intressant förord av Landeskonservator Magnus Backes. Den är illustrerad med färgreproduktioner av Caspar Scheurens akvareller från 1847. Historiserande miljöer avbildade med staffagefigurer i historiska dräkter var en tidsföreteelse. C.J Billmark är ett något senare exempel på detta. – Schloss Anif var en förfallen medeltida borg helt omgiven av en liten sjö och omkring den finns en vidunderlig engelsk park med alperna som fond. Slottet köptes 1837 av greve Alois von Arco-Stepperg och byggdes om till ett romantiskt lustslott. Inredningarna gjordes i slutet av 1840-talet i stark påverkan av den engelske arkitekten A.W.N. Pugin. Möblerna är i en fri tillämpning av gotik och barock och av högsta hantverkskvalitet. Målade glasfönster tillverkades för slottet; att tillverka sådana var ett återuppväckande av ett glömt hantverk. Liksom Stolzenfels erbjuder Schloss Anif med sitt underbara läge och genomförda arkitektur och inredningar en stor konstnärlig upplevelse. Om slottet finns en utförlig monografi, Wend von Kalnein: Schloss Anif. Ein Denkmal bayrischer Romantik in Saltzburg (1988).

s. 157: Om Charlecote Park, se Clive Wainwright: The Romantic Interior (1989) s. 209–240.

s. 160: Uppgifterna om Hohenschwangau ur aktuell turistguide.

s. 161–163: Uppgifterna ur Colombe Samoyault-Verlet: Un âge d'or… (1991).

s. 164: G. Himmelheber om mönsterböcker, se Klassizismus-Historismus-Jugendstil. I: H. Kreisel: Die Kunst des deutschen Möbel, bd 3, 1973 och E. Stavenow-Hidemark i Fataburen 1975.

s. 165–166: Om festtågen, se Wolfgang Hartmann: Der historische Festzug (1976) s. 19–24.

s. 166–167: Historienmalerei in Europa (1990) samt Svenska hävder genom konstnärsögon (1960).

s. 167 sista st: Beskrivningen av Schinkels målning En medeltida stad vid en flod bygger på Helmut Börsch-Supans analys i Karl Friedrich Schinkel – a universal man. Ed. by Michael Snodin. Victoria and Albert Museum (1991), s. 104.

s. 168 Om holländskt historiemåleri, se utst.kat. *Het Vaderlandsch Gevoel*, Rijksmuseum, Amsterdam 1978.

s. 169–170: om den historiska romanen, se Henrik Schück, Allmän litt. historia, del IV Romantiken (1925) s. 699ff. och Schück-Warburg Svensk ill. litt. historia, del VI (1930) s. 145 ff.

s. 171: Tegnérs yttrande är hämtat ur Reformationstalet 1817: »Att världen för närvarande befinner sig i en avgörande brytning till liv eller död, till ljus eller mörker, att vi leva i en vändpunkt av Historien, att vi med ett ord bygga på en vulkan som jäser inunder oss: därom övertygar oss den flyktigaste uppmärksamhet och Vulkanens utbrott som vi till en del överlevat.« Tegnér återkommer till denna tanke i talet vid kronprins Oskars förmälning med Joséphine av Leuchtenberg 1823: »…som en underjordisk eld lever orons ande under oss...« (Varmt tack till prof. Kurt Johannesson för litteraturhänvisningen.)

s. 172: Citatet sista stycket: Gåvobrevet på stolarna (i Skoklosters slotts arkiv) är undertecknat J. Dubbe, Stockholm 21/12 1841 och gäller stolar från 1600-talets senarae del. De kläddes med gul schagg och placerades i biblioteksvåningen.

s. 173 st. 1: De två små bitarna av Gustav Adolfs svepning är beskrivna i tillägg till inventariet 1823 (som går fram t.o.m. 1837). – st. 2: Pendylen på sin ställning av alabaster införlivades med samlingarna 1835. Urverket är signerat av Georg Lundvik, mästare i Stockholm 1820–28. (Vänligen meddelat av intendent Anders Bengtsson, Skoklosters slott.) – Johan Knutssons uppsats i Uppland 1987.

REGISTER

Bildkällor
Fotografierna av Ove Hidemark med följande undantag:
Country Life Picture Library, London 10, 158
Björn Hallström 57
Kungl. Husgerådskammaren, Håkan Lind 32
Landesamt für Denkmalpflege, Rheinland-Pfalz 159
LSH, Göran Schmidt 19, 128 ö, 143
LSH, Samuel Uhrdin 66, 127 ö, 137
Museum für angewandte Kunst, Wien 126
Nordiska museets arkiv 90n, 105n, 138, 166
Nordiska museet, Mats Landin 60, 135
Max Plunger 18, 23 ö, 30, 43, 67, 68, 112, 174
Reunion des musées nationeaux, Paris 162
Riksarkivet, Kurt Eriksson 37
Skoklosters slotts arkiv 93, 95, 107, 133n
Stockholms stadsmuseum 105
Svenska porträttarkivet 33

Grafisk form Lena Peterson
Tryck Skogs Boktryckeri, Trelleborg 1995

© Författarna och Byggförlaget
Skokloster-studier nr 29.
ISSN 0586-6154, ISBN 91-7988-114-9